Theresia von Lisieux – Meine Berufung ist die Liebe
Predigten zu Leben und Spiritualität

Theresia von Lisieux – Meine Berufung ist die Liebe

Predigten zu Leben und Spiritualität

Klaus Leist (Hrsg.)

Paulinus

Impressum

Die Deutsche Bibliothek – CIP-Einheitsaufnahme

Die Deutsche Bibliothek verzeichnet diese Publikation in der Deutschen Nationalbibliografie; detaillierte bibliografische Daten sind im Internet unter http://www.dnb.ddb.de abrufbar.

Das Medienhaus im Bistum Trier
2. Auflage 2007
Umschlaggestaltung und -konzeption | Adriana Walther
Abbildungen Umschlag + Seite 2: Dr. Heiner Klein
Abbildung: Büste der hl. Theresia von Lisieux – Theresienaltar in der Pfarrkirche St. Jakobus d. Ä. in Kutzhof
Satz | Hans Werner Fischer
Druck | Laub, Elztal-Dallau

ISBN | 978-3-7902-0214-4
www.paulinus.de

Inhaltsverzeichnis

Vorwort | 9

Vorwort zur 2. Auflage | 13

Dechant Klaus Leist | 16
Theresia von Lisieux – die wichtigsten chronologischen Daten einer modernen Heiligen

Bischof Dr. Felix Genn | 19
Taufe: Es ist der Liebe eigen herabzusteigen

Dechant Klaus Leist | 25
Ich sterbe nicht, ich gehe ins Leben ein

Weihbischof Gerhard Jakob | 29
Letzte Gespräche der Heiligen von Lisieux

Weihbischof Ernst Gutting | 34
Nur die Liebe zählt

Dechant Klaus Leist | 39
Ich bereue es nicht, mich der Liebe ausgeliefert zu haben

Weihbischof Guy Gaucher | 43
Vom Schattendasein zu weltweitem Ruhm

Dechant Klaus Leist | 50
Im Herzen der Kirche werde ich alles sein

Rektor Karl Heinz Schnorbach | 54
Den Sprung wagen

Diakon Hugo Naumann | 58
Maria ist mehr Mutter als Königin

Dechant Klaus Leist | 63
Alles lege ich in Seine Hände

Rektor Karl Heinz Schnorbach | 68
In die Arme Gottes fallen

Dechant Klaus Leist | 71
Ich möchte meinen Himmel damit verbringen, um auf Erden Gutes zu tun

Rektor Karl Heinz Schnorbach | 75
Sie kann es nicht lassen zu lieben

Dechant Klaus Leist | 79
Meine Berufung ist die Liebe

Bischof Dr. Felix Genn | 84
Liebe, die keine andere Grenze als Jesus hat

Dechant Klaus Leist | 90
Ich bin in den Karmel gekommen, um die Seelen zu retten und vor allem, um für die Priester zu beten

Bischof Dr. Hermann Josef Spital | 95
Alles ist Gnade

Dechant Klaus Leist | 100
Es ist unglaublich, wie sich alle meine Hoffnungen erfüllt haben

Kardinal Dr. Christoph Schönborn | 104
Theresia von Lisieux – Patronin der Weltmission

P. Dr. Max Hofinger | 112
Theresia von Lisieux und Therese von Konnersreuth

Bischof Dr. Reinhard Marx | 115
Die Erbarmungen des Herrn will ich besingen

Autoren | 124

Vorwort

Exakt 600 km liegen zwischen dem kleinen saarländischen Dorf Kutzhof und dem französischen Städtchen Lisieux in der Normandie. Trotz dieser großen Entfernung haben sich diese beiden Orte berührt und haben etwas gemeinsam. Was sich vor über 100 Jahren in Lisieux ereignet hat, zeigt heute noch weltweit seine Auswirkungen. Das Leben und die Lehre der hl. Theresia von Lisieux haben die französische Landesgrenze schon bald nach ihrem Tod gesprengt und die Welt erobert.

Die Wurzeln der Theresienverehrung in Kutzhof liegen im Jahr 1977, als der Priester Michael Kettel dort seinen Ruhestand begann und eine Reliquie der hl. Theresia, die er von einer Verwandten der Heiligen geschenkt bekam, mitgebracht hat. Seit dieser Zeit findet jährlich eine Wallfahrt nach Lisieux und an die Orte und Stätten, die mit der hl. Theresia verbunden sind, statt. Im Jahre 1981 wurde in der Kutzhofer Pfarrkirche ein Seitenaltar errichtet, der der hl. Theresia geweiht ist und in dem bis heute diese Reliquie aufbewahrt und verehrt wird.

In den vergangenen Jahren haben unzählige Gläubige über die Pfarrgemeinde Kutzhof hinaus an diesen jährlichen Wallfahrten teilgenommen und eine Liebe zur hl. Theresia gefunden. Unzählige Menschen in unterschiedlichen Lebenslagen haben sich von Kutzhof aus auf den Weg gemacht, um die hl. Theresia um Hilfe zu bitten, und sie haben sie als ihre persönliche Lebensbegleiterin und Patronin erwählt. Aber auch viele Menschen von nah und fern kommen nach Kutzhof, um dort die hl. Theresia zu verehren und zu ihr zu beten. Ihr versprochener Rosenregen hat auch unsere Region, unser Bistum Trier und unsere Pfarrgemeinde Kutzhof erreicht und bereichert.

Viele Priester haben diese Wallfahrten begleitet und haben es Menschen ermöglicht, dass sie einen Zugang zur theresianischen Spiritualität bekommen, um den „Kleinen Weg“ der Heiligen aus Lisieux kennen zu lernen und ihn selber gehen zu können. Aus diesen Versuchen und aus dem Schatz theresianischer Frömmigkeit sind eine Reihe interessanter Predigten entstanden, die diesen Zugang erleichtern und den Menschen unserer Tage die Wege zum Herzen öffnen, damit sie aus der tiefen Gläubigkeit und dem Gottvertrauen, von dem die hl. Theresia geprägt und erfüllt war, schöpfen können.

Theresia ist nicht nur eine liebenswürdige Heilige, sondern auch eine moderne Heilige, die uns heute noch viel zu lehren und zu sagen hat. Wer sich mit ihr einlässt, den führt sie zu Jesus Christus, bei dem wir die Fülle und die Freude des Lebens finden. Nicht umsonst hat Papst Johannes Paul II. sie 1997 zur Kirchenlehrerin erhoben und sie der heutigen Welt zur Verehrung anvertraut. Nicht umsonst hält der Heilige Vater in seinem Apostolischen Schreiben vom 19. Oktober 1997 fest: „Divini amoris scientia“ (Die Wissenschaft der göttlichen Liebe), in dem er die hl. Theresia vom Kinde Jesus und vom Heiligen Antlitz zur Kirchenlehrerin proklamiert:
„Diese junge Karmelitin ohne besondere theologische Vorbildung, aber vom Licht des Evangeliums erleuchtet, sieht sich vom göttlichen Meister belehrt, der, wie sie sagt, ‚der Lehrmeister der Lehrmeister‘ ist, von dem sie die ‚göttlichen Unterweisungen‘ empfängt. Sie erkennt, dass sich in ihr die Worte der Schrift verwirklicht haben: ‚Wenn jemand klein ist, so komme er zu mir …; den Geringsten wird Barmherzigkeit erwiesen‘ und sie weiß, dass sie zur Weisheit der Liebe angeleitet wurde, die den Weisen und Klugen verborgen ist, die aber der göttliche Meister geruhte, ihr, wie allen Kleinen, zu erschließen.“

Es lohnt sich, die folgenden Predigten nicht nur zu lesen, sondern sie auch zu meditieren und ihrem Inhalt ein wenig nachzugehen, um das wunderbare Geheimnis der Nachfolge Jesu zu entdecken, das Theresia von Lisieux für ihr Leben gefunden hat und zu dem sie uns hinführen und mit ihrer Lehre begleiten will. Theresia war zur Liebe berufen, ihre ganz persönliche Berufung war die Liebe. Vielleicht können die Gedanken, die auf den folgenden Seiten zu finden sind, zu einer solchen Berufung ermutigen oder vielleicht sogar hinführen.

Herzlich danke ich allen Autoren, die eine Predigt zu diesem Büchlein beigetragen und so die Mission der hl. Theresia unterstützt haben.

Herzlichen Dank auch meiner Sekretärin, Frau Ursula Karrenbauer, für die Hilfe zur Erstellung dieses Buches und Frau Ilona Engel, die alle Beiträge Korrektur gelesen hat.

Kutzhof, am Fest der hl. Theresia von Lisieux,
dem 1. Oktober 2004

Klaus Leist

Vorwort zur 2. Auflage

„Ohne Umschweife sage ich vor allen anderen Dingen: Die Perspektive, in die der pastorale Weg eingebettet ist, heißt Heiligkeit." So schrieb Papst Johannes Paul II. in seinem Apostolischen Schreiben zum Abschluss des Heiligen Jahres 2000. Heiligkeit meint natürlich nicht unsere moralische Leistung, sondern das Beschenktwerden von der Liebe Gottes. Die Gnade dieses Geschenkes war gerade für die Heilige Theresia von Lisieux der Kernpunkt ihres Glaubens und Handelns. Auch der Titel dieses Buches stellt das in den Mittelpunkt: „Meine Berufung ist die Liebe".

Die Liebe Gottes zu den Menschen ist ein Geschenk, das uns ohne unsere Vorleistung trifft. Aber diese Liebe kann nicht bei uns bleiben, sondern wir müssen sie vertiefen und weitergeben. Diese Aufgabe der Menschen hat die Heilige Theresia von Lisieux erkannt und ihre Berufung zur Liebe im Karmel gelebt. Gerade in ihrer Überzeugung, dass sich die Liebe Gottes in den kleinen Zuwendungen des Alltags erweist, ist sie auch eine höchst aktuelle Heilige für unsere Tage. Eine vertiefte Spiritualität, eine erneuerte Freude am Gebet, die lebendige Feier der Eucharistie und der Versöhnung, unser in der Taufe begründetes Christsein, entfernen uns nicht von den Problemen der Welt, sondern intensivieren unser Engagement für die Armen, die Kranken, die leiblich und seelisch Verwundeten unserer Gesellschaft. Je tiefer sich die Kirche in die Gemeinschaft mit Christus begibt, desto mehr öffnet sich ihr Herz für die Wunden der Welt.

Auch Papst Benedikt XVI. hat in seiner Enzyklika DEUS CARITAS EST auf die verändernde Kraft der Liebe hingewiesen: „Die Liebe ist möglich, und wir können sie tun, weil wir nach Gottes Bild geschaffen sind. Die Liebe zu verwirklichen und damit das Licht Gottes in die Welt einzulassen", ist Aufgabe der Christen. Das Vorbild der Heiligen Theresia von Lisieux kann die Kirche auf diesem

Weg leiten. Die Heilige Theresia kann Vorbild und Mahnerin sein für leidenschaftliches Engagement in unserer Zeit. Nicht die Fragen „Was bringt mir das Engagement? Was bringt mir der Glaube?“ sind entscheidend, sondern die Hinwendung zu Gott und der Dienst am Nächsten. Der „kleine Weg“, den die Heilige vorgelebt hat und für den sie wirbt, lässt den groß sein, um den es geht: Gott. Nicht Menschen sind die Herren der Kirche, sondern Gott allein. Seine Liebe und seine Barmherzigkeit sind maßlos und wenden sich gerade den Kleinsten zu. Wenn Gott groß ist, wird der Mensch nicht klein, er wird vielmehr in der Liebe erhöht.

Es ist schön, dass in der Pfarrgemeinde Kutzhof die Heilige Theresia von Lisieux verehrt wird und über so viele Jahre schon eine enge Verbindung zur französischen Stadt Lisieux besteht. Die Heilige Theresia ist für viele Menschen in den unterschiedlichsten Lebenslagen eine Lebensbegleiterin und Glaubensbotin. Sie ruft zu einem besonderen Weg der Nachfolge auf, indem sie die Freude einer tiefen Frömmigkeit und eines unzerstörbaren Gottvertrauens erkennbar werden lässt.

In unserer Zeit, die für viele auch durch Verunsicherungen im Glauben geprägt ist, ist die Orientierung an heiligen Vorbildern notwendig. Gott schenkt sich den Menschen in seinem Sohn Jesus Christus und will sich von den Menschen finden lassen. Es ist an uns, Ihn in unser Leben hineinzulassen und dadurch Bereicherung zu erfahren. Das Evangelium verkündet nichts weniger als das Leben in Fülle.

Es geht in diesem Buch keineswegs darum, die „kleine Therese“ zu überhöhen, sondern durch ihr Vorbild Menschen zur Begegnung mit Jesus Christus zu führen. Die einzelnen Predigten wollen dazu beitragen, die theresianische Spiritualität zu vermitteln und lebendig zu halten. Sie ermöglichen durch ihren jeweils persönlich ausgewählten Zugang ein denkerisches und meditierendes Mitgehen auf dem Weg der Heiligen Theresia.

Ich danke dem Herausgeber, Dechant Klaus Leist, und allen Autoren, die eine Predigt zu diesem Buch beigesteuert haben und damit die Mission der hl. Theresia von Lisieux mittragen und lebendig erhalten.

Trier, im Advent 2006

Dr. Reinhard Marx
Bischof von Trier

Dechant Klaus Leist

Theresia von Lisieux – die wichtigsten chronologischen Daten einer modernen Heiligen

2. Januar 1873 | Theresia Martin wird in Alençon/Normandie geboren.
4. Januar 1873 | Taufe in der Kirche Nôtre-Dame in Alençon
28. August 1877 | Tod der Mutter: Theresia erwählt ihre Schwester Pauline zur zweiten Mutter.
15. November 1877 | Vater Louis Martin und seine 5 Töchter ziehen von Alençon nach Lisieux um und bewohnen künftig das Haus „Les Buissonnets".
1879 | Im Spätjahr oder Anfang 1880 erste heilige Beichte
13. Mai 1883 | Pfingsten – Lächeln der Muttergottes – Theresia wird von schwerer Erkrankung geheilt.
8. Mai 1884 | Erste heilige Kommunion
14. Juni 1884 | Firmung durch Bischof Hugonin von Bayeux
25. Dezember 1886 | Nach der Mitternachtsmesse „Gnade der Bekehrung"
29. Mai 1887 | Pfingsten – Theresia erhält von ihrem Vater die Erlaubnis mit 15 Jahren in den Karmel von Lisieux eintreten zu dürfen.
31. August 1887 | Bekehrung und Hinrichtung des Mörders Pranzini
20. November 1887 | Theresia bittet bei einer Audienz in Rom Papst Leo XIII. um Genehmigung zum Eintritt in den Karmel.
9. April 1888 | Eintritt in den Karmel in Lisieux
10. Januar 1889 | Einkleidung unter dem Vorsitz von Bischof Hugonin von Bayeux
12. Februar 1889 | Vater Martin wird in eine Anstalt für Geisteskranke nach Caen gebracht.
8. September 1890 | Feierliche Profess
8.–15. Oktober 1891 | Exerzitien von Pater Alexis Prou, der Theresia auf ihrem Weg bestärkt
Dezember 1891 | Beginn ihrer Lungenerkrankung: Theresia

erhält die Erlaubnis, täglich zu kommunizieren.

29. Juli 1894 | Tod ihres Vaters

Januar 1895 | Beginn der selbstbiografischen Aufzeichnungen „Geschichte einer Seele“

9. Juni 1895 | Fest der Hl. Dreifaltigkeit: Aufopferung an die göttliche Liebe

2./3. April 1896 | Nacht von Gründonnerstag auf Karfreitag: Erster Blutsturz in der Zelle des Karmel

6. April 1897 | Mutter Agnes von Jesus beginnt die letzten Äußerungen Theresias aufzuzeichnen.

8. Juli 1897 | Theresia wird ins Krankenzimmer des Karmel verlegt.

30. Juli 1897 | Empfang des Sakraments der Krankensalbung

19. August 1897 | Letzte heilige Kommunion

30. September 1897 | Nach einem zwei Tage dauernden Todeskampf stirbt Theresia gegen 19.30 Uhr.

4. Oktober 1897 | Beisetzung auf dem Friedhof von Lisieux

30. September 1898 | Die ersten 2000 Exemplare von „Geschichte einer Seele“ verlassen die Druckerei St. Paul in Bar-le-Duc.

1899–1902 | Erste Gebetserhörungen und Heilungen. Pilger kommen an das Grab Theresias auf dem Friedhof in Lisieux.

14. August 1921 | Proklamierung des heldenmütigen Tugendlebens Theresias durch Papst Benedikt XV.

29. April 1923 | Seligsprechung durch Papst Pius XI.

17. Mai 1925 | Heiligsprechung durch Papst Pius XI.

13. Juli 1927 | Das Fest der hl. Theresia wird für die ganze Kirche vorgeschrieben.

14. Dezember 1927 | Papst Pius XI. erklärt die hl. Theresia zur Patronin der Missionen.

21. September 1929 | Papst Pius XI. erklärt Theresia zur Patronin der Christlichen Arbeiter-Jugend (CAJ).

30. September 1929 | Grundsteinlegung für die Basilika in Lisieux

1. Juli 1937 | Benediktion der Basilika durch den Päpstlichen Legaten Kardinal Pacelli, den späteren Papst Pius XII.

3. Mai 1944 | Papst Pius XII. erklärt die hl. Theresia zur zweiten Patronin Frankreichs (neben der hl. Jeanne d'Arc).
Juni 1944 | Lisieux wird durch Luftangriffe der Alliierten schwer getroffen.
1947 | 50. Todesjahr der Heiligen: Der Schrein mit ihren Gebeinen wandert zur Verehrung durch fast alle französischen Diözesen.
11. Juli 1954 | Feierliche Weihe der Basilika von Lisieux
1973 | Feier des 100. Geburtstages der Heiligen mit großen Festlichkeiten in Lisieux und in aller Welt
19. Oktober 1997 | Erhebung der hl. Theresia zur Kirchenlehrerin
1. Oktober | Liturgischer Festtag für die ganze Kirche

Bischof Dr. Felix Genn

Taufe: Es ist der Liebe eigen herabzusteigen

Predigt zur Theresienfeier in der Pfarrkirche St. Jakobus d. Ä. in Kutzhof am 29. September 1996

„Ihren Namen habe ich schon gehört. Ich glaube, ich habe bei Ihnen schon einmal unter dem Becher gelegen!" Mit diesen Worten begrüßte mich vor einigen Wochen ein junger Mann, den ich getauft habe. Seit dieser Zeit hatten wir uns nicht mehr gesehen. Er hatte aber wohl mit meinem Namen eine Vorstellung verbinden können, sicherlich, weil seine Eltern ihm den Namen desjenigen genannt hatten, der ihn vor ungefähr 16 Jahren taufte. „Ich habe schon einmal unter Ihrem Becher gelegen...". Ich weiß nicht, welche Gedanken und Gefühle bei Ihnen in Herz und Sinn kommen, wenn Sie an die Taufe erinnert werden. Was verbinden Sie damit? Die meisten von uns haben wohl keine Erinnerungen an diesen Augenblick ihres Lebens, weil sie als Kinder getauft wurden. Taufe – das ist eine Wirklichkeit, die vielleicht dann wieder ins Leben tritt, wenn jemand als Vater oder Mutter sich Gedanken macht, ob er/sie das eigene Kind zum Taufbrunnen bringen soll. Diese Entscheidung ist heute mehr gefordert als früher, als sie noch viel selbstverständlicher war. Heute überlegt man sich schon, ob man zu den Dingen, die man sich für ein gutes Leben seines Kindes wünscht, auch die Taufe zählen soll, ob auch sie eine Kostbarkeit und ein Gut ist, das auf jeden Fall mitgegeben werden sollte.
Taufe kann auch dann in den Lebenshorizont treten, wenn man angesprochen wird, das Patenamt zu übernehmen. Auch dann tritt das Thema „Taufe" in den Blick, wenn jemand zu einer Tauffeier eingeladen wird. Aber was bedeutet dieses Sakrament für Sie ganz persönlich?

Ich kann mir vorstellen, dass in diesem Augenblick eine Fülle von Worten, Bildern und Aussagen hier in diesem

Raum gegenwärtig sind und dass es interessant wäre, sie im einzelnen zu benennen. Die unterschiedlichen Aussagen wollen wir einsammeln, indem wir heute unseren Blick auf den Theresienaltar richten; denn das Mittelstück mit der Darstellung der Heiligen, zu deren Verehrung wir hier zusammengekommen sind, ist umrahmt von unten her durch ein Relief, das die Taufe der Kleinen Theresia im Januar 1873 in der Pfarrkirche in Alençon darstellt. Dieses Relief bildet gleichsam die Tür und den Zugang zu der Reliquie, die Ihnen zur Verehrung heute gezeigt wird. Überstrahlt werden sowohl das Bild Theresias wie auch der kleine Tabernakel mit dem Taufbild von dem großen Auge, das Gott darstellen soll.
Von diesem Auge her, möchte ich auf den gesamten Theresienaltar schauen. Von diesem Auge her möchte ich auch mit Ihnen auf die Taufe blicken, die uns als Sakrament mit Theresia verbindet. Aber zunächst ist noch ein Hindernis zu überwinden, weil das Stichwort „Auge“ uns an den Spruch erinnern kann, der vielen Menschen Angst und Schrecken eingejagt hat: „Ein Auge ist's, das alles sieht, auch was in finsterer Nacht geschieht“. Nein, um das geht es hier nicht.

Von dem Auge her gehen Strahlen nach unten hin. Es ist das Auge jenes Gottes, der Mose im brennenden Dornbusch die Worte zugerufen hat: „Ich habe das Elend meines Volkes in Ägypten gesehen, und ihre laute Klage über ihre Antreiber habe ich gehört. Ich kenne ihr Leid.“ (Ex 3,8) Es ist das Auge eines liebenden Gottes, der das Leid der Menschen, das Leid seines Volkes kennt, der das Elend sieht. Und er fügt hinzu: „Ich bin herabgestiegen.“ Es ist das Auge der Liebe Gottes, jener Liebe, von der Theresia sagt: „Es ist der Liebe eigen herabzusteigen.“ Gott sagt, weil er das Elend seines Volkes gesehen und die Klageschreie gehört hat: Ich will herabsteigen. Dieses Herabsteigen Gottes kommt uns ganz nahe, wenn wir getauft werden. In jenem Augenblick treten wir in Kontakt und Berührung mit dem Gott, der in seinem

Sohn Jesus Christus nicht einfach nur gesagt hat, er wolle herabsteigen, sondern der es in Jesus Christus lebt, dass es der Liebe eigen ist herabzusteigen: bis hin zur Waschung der Füße, bis hin in das Loch des Grabes. Es heißt im Glaubensbekenntnis: „Herabgestiegen in das Reich des Todes". Soweit ist die Liebe herabgestiegen, weil sie das Elend des Menschen und seine Not gesehen und seine Klage gehört hat. Mit diesem herabsteigenden Gott kommen wir in Kontakt, wenn wir auf den Tod und die Auferstehung Jesu Christi getauft werden.

Kürzlich las ich in einer Geschichte der Medizin, dass bei Schädeln von Urmenschen Spuren von gewaltsamem Tod gefunden werden konnten. Der Autor bemerkte: „Mord und Totschlag sind also die ersten uns überlieferten menschlichen Umgangsformen." Wer wollte leugnen, dass die Situation und Lage des Menschen bis in unsere Tage von diesem Elend gezeichnet sind? Und Gott sagt: „Ich habe das Elend meines Volkes gesehen." Außerdem: Gilt nicht auch heute, was damals dem Mose gesagt wurde: "Ihre laute Klage über ihre Antreiber habe ich gehört"? Welche Antreiber haben wir, was hetzt uns, was stresst uns, was lässt uns nicht zur Ruhe kommen? Sicher nicht äußere Treiber; aber unsere Situation ist doch davon gekennzeichnet, dass wir uns oft wie Getriebene erleben! Und Gott sagt: „Ihre laute Klage über ihre Antreiber habe ich gehört. Ich kenne ihr Leid."

Gott interessiert sich für unser Leben. Deshalb wird er Mensch. Deshalb ermöglicht er uns im Sakrament der Taufe, dass unser noch so kleines Leben mit seinem großen Leben in Kontakt tritt. Es erscheint mir als ein tiefes Sinnbild, dass die Darstellung der Taufe der hl. Theresia die Tür bildet für den Aufbewahrungsort der ganz kleinen Reliquie, einem Teil von ihren Haaren. Gott interessiert uns Menschen so sehr, dass ihm auch das Kleinste wichtig ist, wie Jesus es zum Ausdruck bringt: „Bei euch sind sogar die Haare auf dem Kopf gezählt" (Mt 10,30). Und

Haare können, wie unschwer festzustellen ist, leicht verloren gehen!
Der Liebe ist es eigen, bis ins Kleinste herabzusteigen. In den übrigen Reliefs des hiesigen Theresienaltars taucht mitunter die Strahlung von oben her auf: Das Leben dieser kleinen Frau, dieses jungen Mädchens, ist überstrahlt vom Auge des liebenden Gottes. Es ist bis ins Kleinste angenommen. In der Verbindung mit Jesus Christus, die durch die Taufe gegeben wurde, liegen das Fundament und die Tür für das Leben dieser Frau. Das Relief stellt dar, wie die Geisttaube von oben her ihre Strahlen hin sendet in das Leben dieses Mädchens. Was einst bei Jesus selbst geschah – dass er vom Heiligen Geist erfüllt wurde, als Johannes ihn taufte, sodass er der Gesalbte, „der Christus", genannt wurde – das geschieht bei Theresia, das geschieht bei jedem Einzelnen von uns: durch die Gabe des Geistes werden wir gesalbt, werden wir Christ.
Auf unserem Theresienaltar ist aber dieses Relief von der Taufe nicht nur Tür, sondern auch Grundlage, auf der sich das große Bild der Heiligen erhebt. Die Taufe ist Grundlage, groß zu werden. Weil es der Liebe eigen ist herabzusteigen, zieht sie die Menschen, die sich ihr anheim geben, in ihre Wirklichkeit hinein und macht sie, mögen sie auch menschlich noch so klein sein, groß. Sie macht sie groß, weil sie sie teilnehmen lässt an ihrer eigenen Atmosphäre, an ihrer Welt, und dies ist die Welt des Himmels. Deshalb kann Theresia sagen, dass sie ihren Himmel damit verbringen wolle, auf Erden Gutes zu tun, dass sie Rosen herabregnen lassen möchte, Rosen der Liebe. Der Himmel – das ist die Welt der Liebe, das ist die Atmosphäre, das ist der Geist, der in Gott waltet. Der Himmel der Liebe Gottes will alle Menschen erfassen, weil diese Liebe alles menschliche Leid in die Herrlichkeit überführen möchte. So gibt sie den Christen Anteil, den Einsatz und Auftrag, die sie selber prägen und erfüllen, weiterzuwirken in unserer Welt. Deshalb beginnt der Himmel schon auf der Erde, wenn jemand liebt. Deshalb konnte Theresia schon als Kind und dann erst recht im

Karmel – beides kleine, ja eingeschlossene Welten – einen Blick haben über die Alltagswelt hinaus in die große Weite der Kirche. Ein Relief stellt Theresia dar in ihrem Gebet für den Schwerverbrecher Pranzini, damit er sich bekehre und so zu Gott finde. Schon das Kind hatte ein solch tiefes Gespür, weil es in der Welt der Liebe lebte. Übrigens ist auf unserem Altar dieses Relief in der Diagonalen genau dem letzten Lebensbild gegenübergestellt, wo sich Theresia auf dem Sterbebett ganz öffnet für die geöffneten Arme des Gekreuzigten, desjenigen, der in seiner herabsteigenden Liebe alle Menschen erlösen wollte, und dessen Arme zu beiden Schächern wiesen. Theresia nahm auf ihre Weise teil an diesem Erlösungsgeschehen der ewigen Liebe Gottes, und sie tut es im Himmel bis heute.

Ihr Bild auf dem Theresienaltar, umrahmt vom Auge mit den Strahlen der Liebe Gottes und dem Bild ihrer eigenen Taufe, ist das nicht die Antwort auf eine Frage, die ich mir persönlich öfter gestellt habe, und die Ihnen nicht unbekannt sein dürfte: Was ist eigentlich das Anziehende an der Gestalt dieser Frau? Es kann nicht sein, dass sie bloß eine Botschaft vermitteln sollte derart: so klein du auch sein magst, so unbedeutend und unwichtig du dich in der Welt fühlst, du darfst damit rechnen, dass du siegen wirst. Eine solche Aussage und Lebenshaltung hat immer etwas Tragisches. Das hat Theresia nicht. Vielleicht ist das Anziehende in ihrem Wort von den Rosen zu finden – und wer von uns hier könnte nicht sagen, dass er der Kleinen Theresia viel in seinem Leben zu verdanken habe, weil er sie immer wieder um ihre Fürsprache gebeten hat?

Ich glaube eher, dass das Anziehende ihrer Gestalt darin liegt, dass sie ganz schlicht dem in der Taufe Geschenkten seinen Lauf in ihrem Leben ließ, dass sie einfach die Liebe des Vaters wie die selbstverständlichste Atmosphäre und Sache der Welt ansah, dass sie diese Liebe einfach da sein ließ. Sie lebte in dieser Liebe. Liebe war für sie nicht in erster Linie ein Gefühl, das ich mir sogar technisch herbeizaubern kann, so dass ich mich in einer ganz besonderen emotionalen Lage finde, sondern es war schlicht der Glaube daran, dass diese Liebe da ist und dass sie Halt gibt. Es war die immer wieder erneuerte Entscheidung seit der Taufe: Ich glaube dieser göttlichen Liebe. Deshalb auch formuliert das Gebet der Kirche vom Festtag unserer Heiligen: „Großer Gott, du rufst Menschen in Deine Nähe, die nichts von sich selbst erwarten, sondern alles von Dir erhoffen“. Diese Liebe ist weit, Theresia lebt uns vor, dass die Liebe alle Menschen umfasst. So ist sie die Patronin der Mission.

Da mir in diesem Jahr die Aufgabe übertragen wurde, hier die Predigt zur Theresienfeier zu halten, komme ich gar nicht umhin, an das Ereignis der Heilig-Rock-Wallfahrt in Trier zu erinnern. Was wir dort gefeiert haben, ist nicht mit dem letzten Tag der Ausstellung zu Ende gegangen, sondern lebt als Impuls weiter: Wir haben uns angesichts des Gewandes an die herabsteigende Liebe Gottes erinnern dürfen, die unser Menschenkleid angezogen hat. Wir haben uns daran erinnern dürfen, dass wir seit unserer Taufe Christus selbst wie ein Gewand angelegt haben. Mit diesem Jesus Christus, der mit dem Heiligen Geist der Liebe Gottes gesalbt und von ihm erfüllt ist, können wir auf dem Weg unseres Lebens bleiben. Wir können es wagen, uns in der Atmosphäre seiner Liebe zu bewegen, so dass der Augenblick der Taufe, nicht nur etwas ist, wo wir einmal kurz unter dem Becher gelegen haben, sondern eine Kraft beinhaltet, die auch dem kleinen bescheidenen Alltag unseres Lebens Himmel und Ewigkeit zu vermitteln vermag.

Dechant Klaus Leist

Ich sterbe nicht, ich gehe ins Leben ein

Predigt zur Eröffnung der Theresienwallfahrt in der Kirche des Karmel in Lisieux am 2. August 1997

„Ich sterbe nicht, ich gehe ins Leben ein." Diesen Satz schrieb die hl. Theresia am 9. Juni 1897, knappe drei Monate vor ihrem Tod in einem ihrer Briefe an Abbé Bellière: „Ich möchte Ihnen tausend Dinge sagen, die ich verstehe, weil ich am Tor zur Ewigkeit stehe. Doch ich sterbe nicht, ich gehe ins Leben ein."

Diese beiden Sätze klingen wie ein letztes Testament, gesprochen, durchlitten und erkämpft von einem jungen Menschen von 24 Jahren. So kann nur jemand reden, der in seinem Leben Erfahrungen gemacht hat, weil er auf eine innige und einzigartige Weise aus dem Glauben und in der Verbundenheit mit Gott gelebt hat.

Heute, fast 100 Jahre später, befinden wir uns hier in der Karmelkirche in Lisieux auf dem Boden und an dem Ort, an dem Theresia ihr Leben Gott zurückgegeben hat. Natürlich befinden wir uns 100 Jahre nach ihrem Tod in einer völlig anderen Lebens- und Denkenswelt. In unserer heutigen leistungs- und karrierebezogenen Zeit kann uns Theresia zur Schlichtheit des Evangeliums zurückführen, kann sie uns zeigen, dass echte Liebe nicht messbar oder verrechenbar ist. Ein Blick in ihr Leben eröffnet uns, dass Glauben nicht etwas Kompliziertes, sondern etwas Schlichtes und Einfaches ist, wenn man sein Leben Gott anvertraut. Sich von Jesus Christus an die Hand nehmen lassen heißt: Wir müssen uns zu Gott hinwenden in unserem oft einseitigen, oberflächlichen Tun. Jesus sagte nicht: „Wenn ihr Großartiges getan habt, werdet ihr ins Himmelreich eingehen!", sondern er stellte ein Kind in die Mitte der Jünger, als sie sich um die Ehrenplätze im Reich Gottes stritten.

Dieses Kindsein vor Gott wurde oft falsch ausgelegt, als müssten gläubige Christen unselbstständige, fremdbestimmte Menschen sein. In der Nachfolge Jesus will uns die hl. Theresia zu verantwortlichen Menschen erziehen. Das Evangelium zeigt uns, dass im Kindsein Haltungen liegen, die wir auch als Erwachsene nicht verlieren dürfen. Kindsein ist wie ein Anfangskapitel, eine Vorgabe, in der wir Gutes finden, aber auch weniger Gutes, das im Reifungsprozess abgelegt werden muss. Jesus und mit ihm Theresia fordern vom Glaubenden Offenheit, Staunen und Vertrauen können, wie wir es bei Kindern finden. „Amen, das sage ich euch: Wenn ihr nicht umkehrt und wie Kinder werdet, könnt ihr nicht in das Himmelreich kommen. Wer so klein sein kann wie dieses Kind, der ist im Himmelreich der Größte.“

Wer je Liebe erfahren hat, wer je andere geliebt hat, weiß, dass Liebe groß machen und beglücken kann, aber nur dann, wenn der Liebende sich in seinen Ansprüchen zurücknehmen, sich klein machen kann, damit der andere, sei es Gott, sei es der Mitmensch – und wer könnte beide trennen? – Raum in uns gewinnen kann. Entscheidend ist für Theresia, ob wir als Menschen auch Liebende sind, die ihre Mitmenschen nicht ausbeuten und benutzen, die zuerst und zunächst das Gute und das Du im Blick haben. In all ihren Lebenserfahrungen, und sehr viele davon waren hart, schmerzlich und leidvoll, blieb sie immer optimistisch und sah darin ihren Lebensweg, den Gott für sie bestimmt hat. Nur indem wir die Nachfolge Jesu „tun“, erhalten wir den freien Blick für den nächsten Schritt. Sich bedingungslos und uneingeschränkt an die Barmherzigkeit Gottes auszuliefern: Das ist Theresias Weg. Sie lehrte und schrieb nichts, was sie nicht selbst erprobt, was sie nicht selbst erlebt und gelebt hatte. Zugleich ist es aber auch die Sicht nach vorne in die Zukunft, das Vertrauen auf das, was Gott mit dem Menschen vorhat, auf das Kommende. Theresia war ein Mensch auf dem Sprung. Doch erwartete sie die Ewigkeit nicht um auszuruhen, sondern um weiterzuarbeiten hier auf Erden: Die Menschen lagen ihr am Herzen. Und wer von uns kennt nicht den Satz von ihr: „Ich will meinen Himmel damit verbringen, Rosen regnen zu lassen."

Schon als Theologiestudent, als ich noch nicht viel von Theresia und ihrem Leben, ihrer Lehre, ihrem „Kleinen Weg" wusste, hat mich bis heute ein Satz von ihr fasziniert und begleitet: „Meine Hoffnung ist niemals enttäuscht worden." Ein wunderbarer Satz!

Theresia wurde in ihrem Kampf um die Liebe zu Gott und zum Nächsten nichts erspart. Gegenüber der radikalen Infragestellung des Glaubens hatte sie keine andere Waffe als ihr Lebenszeugnis der Hingabe. Menschliche Existenz, eingebettet in die Liebe inmitten aller Zweifel und aller Glaubensnächte, inmitten all ihrer Anfechtungen, das ist Theresias Leben und Lehre. Als sie am 30. September 1897, mit nicht einmal 25 Jahren, an Tuberkulose starb, war sie davon überzeugt, dass ihre Neuentdeckung des Evangeliums, Jesu Botschaft an die Armen und Kleinen, vielen eine Hilfe sein würde. Und sie hat wirklich Recht behalten. Aus dem unscheinbaren Samenkorn ihres Lebens und Sterbens ist eine Saat aufgegangen, die mit menschlichen Maßstäben nicht mehr zu messen ist.

„Ich sterbe nicht, ich gehe ins Leben ein." Möge uns heute, die wir 100 Jahre nach ihrem Tod hier sind, gerade dieser Satz helfen, dass wir unser Leben auf dieser Welt so anlegen und gestalten, dass es auch für die Ewigkeit Wert hat.
Wir Menschen heute, wir denken und handeln doch so innerweltlich: Alles, was wir tun, wozu wir arbeiten, wonach wir uns orientieren, alle unsere Perspektiven sind zu sehr auf das Diesseits gerichtet. Wir richten uns hier auf der Erde so ein, als sei es für die Ewigkeit bestimmt. Ist es aber nicht!

Die alte Katechismusfrage „Wozu sind wir auf Erden?“ oder moderner gefragt: „Was ist der Sinn unseres Lebens?“ oder „Wofür leben wir eigentlich?“ ist zu einseitig, wenn wir nur auf unser Leben in dieser Zeit und auf dieser Welt sehen und unser Leben dementsprechend definieren. Die alte Frage, wozu wir auf Erden sind, braucht eine neue Definition, eine zeitgemäße Auslegung, die uns hinweist, dass nach diesem Leben ein neues und besseres Leben auf uns wartet; dass alles Leid, alle Frustration und alle menschlichen Brüche, aber auch alle Freude und aller Erfolg, aller Jubel, doch nur zeitlich begrenzt sind. Wir moderne Menschen müssen uns neu so definieren, dass wir hier auf Erden schon an den Himmel glauben können. Die Kirche hatte nie eine andere Antwort und sie wird nie eine andere Antwort haben als die: Unsere Heimat ist im Himmel, dort, wo das Leben sich in Gottes Liebe und in Gottes Barmherzigkeit vollendet. Dahin sollten wir uns orientieren: Ausschau halten und so leben, dass wir uns den Himmel hier auf der Erde schon verdienen, dass wir den Tod als Tor zum Leben verstehen lernen.

„Ich sterbe nicht, ich gehe ins Leben ein.“ Das ist eine wichtige Botschaft, die uns Theresia weitervermitteln möchte. Mag uns diese Aussage eines vorbildlichen Menschen alle Zukunftsangst und alles Bangen nehmen und uns eine solche Kraft und Hoffnung geben, dass dieses von Gott verheißene Leben wirklich auch Leben ist, auf das wir uns schon hier und jetzt freuen dürfen.

Möge diese Wallfahrt in diesem Jahr uns auf die Fürsprache der hl. Theresia unseren Glauben, unsere Hoffnungen und unsere Liebe stärken, dass wir unseren Lebensweg in Freude und in so großer Zuversicht auf Gottes liebenden Beistand weitergehen können, dass wir am Abend unseres Lebens nicht mit leeren Händen vor Gott stehen, wie es die hl. Theresia einmal formuliert hat.

Weihbischof Gerhard Jakob

Letzte Gespräche der Heiligen von Lisieux

Predigt zur Theresienfeier in der Pfarrkirche St. Jakobus d. Ä. in Kutzhof am 28. September 1997

Mit welchen Erwartungen sind Sie heute zur Theresienfeier nach Kutzhof gekommen? Vermutlich sind Ihre Erwartungen nicht getroffen mit dem Satz: „Ich sterbe nicht, ich gehe ins Leben ein.“

Wie wir den Satz auch drehen und wenden: Es geht um die letzten Monate im Leben der Theresia; es geht um eine unheilbare Krankheit; es geht um den bevorstehenden Tod.

Meist empfinden wir den Tod als Lebensende, als Abbruch des Lebens, als Zerstörung des Lebens. Wir stellen uns Leben und Tod als erbitterte Feinde vor, die ein Leben lang gegeneinander zu Felde ziehen. Jede Krankheit, jeder Unglücksfall ist wie ein Schlagabtausch. Das Fatale ist nur, dass offenbar der Tod die letzte Schlacht gewinnt und am Ende Sieger bleibt. Wir haben Horror vor dem Tod. Wir verschweigen ihn. Manche sagen: „Der Tod ist heute tabu.“

Dieser Tage hat der Liedermacher Peter Horten in einem Radiointerview gesagt: „Wenn es den Tod nicht gäbe, würden wir das Leben gar nicht wahrnehmen.“ Das ist ein bedenkenswerter Satz. Ohne Tod wäre das Leben ein Perpetuum mobile: ein Unternehmen ohne Höhen und Tiefen, ohne Gefährdungen und Hochzeiten, ein Monstrum ohne Ende.

Der Tod bedroht das Leben. Das ist wahr.
Der Tod erschließt das Leben. Das ist ebenso wahr.
Wer das Leben bewältigen will, muss sich mit dem Tod auseinandersetzen.

Wer eine Antwort auf den Tod weiß, hat das Leben gerettet.

Leben und Tod bilden die Pole des Spannungsbogens, der über jeder Geschichte steht, die einen Menschennamen trägt.

Wenn man die Notizen liest, die über Aussagen der Theresia aus den letzten Monaten aufgezeichnet wurden, dann fällt zweierlei auf:
Erstens: Die innere Stimmung der Theresia ist gleichzeitig bekümmert und getröstet. Sie leidet und fühlt sich doch unverwundbar.
Am 28. August schaut Theresia aus ihrem Zimmer auf den nahen Friedhof und sagt: „Sehen Sie dort unten das schwarze Loch, wo man nichts unterscheiden kann. In einem solchen Loch bin ich mit Seele und Leib. O ja, was für Finsternisse. Aber ich bin darin im Frieden."

Zweitens ist mir aufgefallen, dass Theresia hin und her schwankt zwischen dem Wunsch, durch den Tod von der schweren Krankheit erlöst zu werden und doch auch weiter leben zu wollen. Die Notiz vom 30. August sagt: „Theresia war sehr glücklich in dem Gedanken, dass sie bald sterben würde. Sie sagte: ‚Ich faltete ganz sanft die Hände und erwartete den Tod'".
Darauf fragte eine Mitschwester: „Wären Sie froh wenn man Ihnen ankündigte, dass Sie ganz gewiss in einigen Tagen sterben werden?"
Theresia gab zur Antwort: „Das wäre mir gar nicht lieber. Nur eines macht mich glücklich: den Willen Gottes zu tun."

Theresia leidet innere Not und sie kennt den inneren Frieden. Sie weiß, der Tod kann morgen eintreten oder erst in ein paar Monaten anklopfen. Beide Überlegungen stehen bei Theresia nicht im Vordergrund. Entscheidend ist, dass der Wille Gottes geschieht. Von daher weiß sie mit beiden umzugehen:

– mit der inneren Not und dem inneren Frieden
– und mit dem Tod, wann er auch kommt.

Wenn wir in diesem Zusammenhang das Wort vom „Willen Gottes“ hören, zucken wir möglicherweise. Wir fürchten, dass Gott ohne Rücksicht und ohne Einfühlungsvermögen über uns verfügt.
In der Notiz vom 4. September sagt Theresia: „Ich ziehe weder das eine noch das andere vor ... Was der liebe Gott vorzieht und für mich wählt, das ist es, was mir besser gefällt.“

Das alles überragende und alles tragende Vertrauen auf den lieben Gott ist die Mitte,
die Leben und Tod ebenso wie
die innere Not und den Frieden umspannt und zum Heil führt.

Am 22. September sagt eine Mitschwester: „Was für eine schreckliche Krankheit und wie viel haben Sie gelitten!“ Theresia antwortet: „Ja! Welche Gnade, den Glauben zu haben! Hätte ich nicht den Glauben gehabt, ich hätte mich umgebracht, ohne einen Augenblick zu zögern.“

Theresia sagt damit: Wer keinen Glauben hat, ist tot. Wer Glauben hat, der lebt. Dieser Glaube ist eine Kraft zum Leben und für das Sterben, für die Not und für den Frieden. Jesaja sagt: „Glaubt ihr nicht, so bleibt ihr nicht.“ (Jes 7,9)
Theresia hat heute nicht nur mit uns über den Tod gesprochen, sondern auch über das Leben, in dem wir mitten drin stehen, das uns herausfordert und das wir gestalten müssen.

Paulus sagt in der Lesung: „Denn ich bin gewiss: weder Leben noch Tod, weder Engel noch Mächte, weder Gegenwärtiges noch Zukünftiges, weder Gewalten der Höhe oder Tiefe noch irgendeine andere Kreatur können uns scheiden von der Liebe Gottes in Jesus Christus." (Röm. 8,38)

Der Glaube verbindet wie eine Brücke Leben und Tod. Er macht beides passierbar und wird zum Weg, der ans Ziel führt. Der Glaube ist die integrierende Kraft von allem.

Ich möchte Ihnen noch erzählen, dass sich Theresia am 19. September den Messkelch aus der Sakristei hat bringen lassen. Lange schaute sie auf den Grund des Kelches, so dass man sie fragte: „Warum schauen Sie denn so aufmerksam auf den Grund des Kelches?" Theresia antwortete: „Weil ich mich darin spiegele. Es machte mich glücklich zu denken: Meine Züge haben sich dort gespiegelt, wo das Blut Christi geruht hat und wohin es wieder herabkommen wird."

Wie können wir dieses kühne Bild verstehen? Die eigenen Züge im Blut Christi spiegeln? Dieser Satz scheint mir typisch für die Glaubenshaltung und die Sprechweise der Theresia zu sein. Sie erlebt sich in enger Beziehung zu Jesus. Ihre Bindung an ihn ist persönlich und innig. Das Blut ist das Zeichen für den liebevollen Einsatz Jesu bis zum Letzten – für seine Hingabe. Im eucharistischen Zeichen nimmt Theresia die Liebe Jesu wahr, die sich für sie hingibt.

„Sich im Blut Christi spiegeln.": Dafür sagt der hl. Paulus: „Soweit ich aber jetzt noch in dieser Welt lebe, lebe ich im Glauben an den Sohn Gottes, der mich geliebt und sich für mich hingegeben hat." (Gal 2,20)

Es bedarf keiner Erklärung, dass für die hl. Theresia die heilige Messe das zentrale Geheimnis des Glaubens ist. „Wer mein Fleisch isst und mein Blut trinkt, der bleibt in mir und ich bleibe in ihm." (Joh. 6,56) „Wer mein Fleisch isst und mein Blut trinkt, hat das ewige Leben und ich werde ihn auferwecken am Letzten Tag." (Joh. 6,54)

Die regelmäßige, lebendige Mitfeier der Eucharistie wird uns bei dieser Feier wieder aufgetragen, weil sie das Geheimnis ist, das unserem Glauben Speise und Trank ist.

Wer die eigenen Züge in der Liebe Jesu Christi spiegelt, kann sagen: „Ich sterbe nicht. Ich gehe ins Leben ein."
Der Glaube ist am Ende die Kraft zum Sterben. Jetzt ist er die Kraft zum Leben.

Weihbischof Ernst Gutting

Nur die Liebe zählt

Predigt zur Theresienfeier in der Pfarrkirche St. Jakobus d. Ä. in Kutzhof am 20. September 1998

Pius XI., der Theresia von Lisieux schon 1925 heilig gesprochen hat, nannte sie den Stern seines Pontifikates. Wenn sie jetzt, hundert Jahre nach ihrem Tod, schon zur Kirchenlehrerin erhoben wurde, obwohl sie bei ihrem Tod erst 24 Jahre alt war, dann hat Gott sie auch uns als einen Stern der Hoffnung für unseren Weg ins dritte Jahrtausend geschenkt! Sogar die Moslems, mit deren Hilfe man in Kairo für sie eine Basilika gebaut hat, zu der jährlich rund eine Million Moslems als Wallfahrer kommen, nennen Theresia vom Kinde Jesu „Die Gesandte Gottes".

Diese Tatsachen, die wir als das Wirken der Vorsehung Gottes begreifen, sollen wir als eine Botschaft Gottes an unsere Zeit annehmen. Dies wird uns durch einen Blick auf die Zeichen unserer Zeit umso mehr einleuchten.
Der spanische Staatsmann Donoso Cortès, ein Mystiker und Politiker, stellte vor fast 150 Jahren für die kulturelle und religiöse Entwicklung Europas eine ziemlich negative, prophetische Prognose. In einer seiner Aufsehen erregenden Parlamentsreden, in der er unsere Diktaturen und Kriege vorausgesagt hat, gab er folgende Diagnose: „Die europäische Gesellschaft liegt im Sterben. Und wissen Sie, warum Europa im Sterben liegt? Es liegt im Sterben, weil es die heilkräftigen Vorschriften nicht beachtet hat, die ihm Gott gegeben hatte; weil es die nährende Substanz des Glaubens missachtet und die verderblichen Rezepte der rationalistischen Quacksalber vorgezogen hat. Europa liegt im Sterben, weil es sich über die große unvergängliche Regel hinwegsetzen will, die besagt, dass der Mensch nicht vom Brot allein lebt, sondern von jedem Wort, das aus dem Munde Gottes kommt. Europa liegt im Serben, weil es das tödliche Gift des Irrtums zum

beherrschenden Element seiner geistigen Nahrung gemacht hat."

Donoso Cortès sprach nicht von einem biologischen und physischen Sterben, sondern von einem langsamen Prozess des religiösen Sterbens des ehemals christlichen Abendlandes. Man könnte hier auf die vielen Symptome hinweisen wie z.B. Terror, Gewalt, Kriminalität oder die Drogenszene, von denen wir täglich in der Presse erfahren. Oder denken wir an die umstrittenen Sendungen in unserer Medienlandschaft, die sogar den Spiegel veranlassten, einen Bericht zu bringen unter der Überschrift: „Ein Volk im Schweinestall".
Mit einem sehr nüchternen Blick hat auch die uns allen gut bekannte, gläubige Schriftstellerin Gertrud von Le Fort schon vor 50 Jahren ihren Finger auf die tiefste Wunde unserer Zeit gelegt. Sie wollte gleichzeitig den einzig rettenden Ausweg zeigen, als sie schrieb: „Wenn alle diesseitigen Kräfte sich vergeblich erschöpft haben, und das ist in der heutigen Notlage der Welt nahezu der Fall, dann schlägt auch für eine weithin gottlos gewordene Menschheit noch einmal die Stunde des Jenseitigen. Die göttliche Schöpferkraft aber, die vom Himmel aufbrechen muss, diese Erde zu erneuern, sie kann nur vom Himmel aufbrechen, wenn ihr von der Erde her wieder die religiöse Kraft, die Bereitschaft des ‚fiat mihi' entgegenkommt", wie es als Voraussetzung für unsere Erlösung einmal Maria gesprochen hat. Die Hilfe Gottes ist immer auch die religiöse Stunde des Menschen, die Stunde der Mitwirkung der Geschöpfe am Werk des allein Wirkenden. Diese Berufung aller Christen entspricht genau der Mission und Botschaft der neuen Kirchenlehrerin Theresia von Lisieux. Es ist interessant, dass uns der Schweizer Schriftsteller Max Frisch in einem einmaligen Gleichnis eine Erklärung für dieses Geheimnis wahrer Heiligkeit geschenkt hat. Er schreibt in seiner „Reise nach Peking": „Der erste, der uns jenseits der chinesischen Mauer begegnete, war ein kleines Männlein aus braunem Sandstein. Mit verflochtenen

Beinen hockte es da, lächelte mit beinahe geschlossenen Lidern, und obschon ich nicht allzu genau weiß, worin ein Heiliger besteht, sagte ich sofort zu Bin: ‚Sieh da! Ein Heiliger.' Bin nickte. Er nahm es platterdings an, man wüsste, was ein Heiliger ist, und nickte, wie wenn man sagen würde: Sieh da, ein Regenbogen! ‚Wenn sie so dasitzen', fragte ich Bin, ‚was machen sie eigentlich?' (Oh diese westliche Frage!). Bin sagte: ‚Sie sitzen so da zum Beispiel, wenn die Sonne untergeht über den violetten Hügeln der Wüste, und schauen die Sonne, nichts weiter. Sie schauen. Sie denken nichts anderes als eben die Sonne noch immer und immer sehen, wenn jene, die wir die Wirkliche nennen, lange schon untergegangen ist. Sie sitzen so da: Sie können sie jederzeit wieder aufgehen lassen."

Dieses Geheimnis der Heiligkeit hat die kleine Theresia gelebt: Wir müssen Gott einatmen, um ihn ausatmen zu können, d.h. Gott durch unsere Liebe im Schauen und Beten in uns aufnehmen, um ihn an die Menschen weiterschenken zu können. Theresia weiß, dass sie aus sich heraus diese Aufgabe niemals erfüllen könnte. „Ich fühle, dass nur eines Not tut, mich mehr und mehr mit Jesus zu vereinen und dass das Übrige hinzu gegeben wird. Man spürt, dass Gutes zu tun, ohne die Hilfe Gottes, ebenso unmöglich ist, wie die Sonne bei Nacht scheinen zu lassen. Deshalb sagte uns ja Jesus: „Ohne mich könnt ihr nichts tun."
In diesem Geheimnis unserer Einheit mit Christus entdeckt sie also das Gesetz der apostolischen Strahlkraft der Liebe Gottes durch uns. Sie weiß, eine von dieser Liebe erfüllte Seele zieht alle hinter sich her, die sie liebt. „Dies geschieht ohne Zwang, ohne Anstrengung; es ist eine selbstverständliche Folge ihres Hingezogenseins zu Christus. Wie ein Sturzbach, der sich mit Ungestüm in den Ozean wirft, alles was ihm begegnet, mit sich schwemmt, so zieht die Seele, die in den uferlosen Ozean deiner Liebe eintaucht, alle Seelen mit sich, wie es dir gefallen hat, der

meinen zu einen. Wie die Liebe selbst aber in unseren Herzen verborgen ist, genau so bleibt uns auf Erden verborgen, welche Menschen Jesus durch die Strahlkraft seiner Liebe in unseren Herzen gerettet hat. Auch hier gilt: ‚Selig die nicht sehen und doch glauben.'" Um diese Aufgabe, mit Christus Menschen zu retten, erfüllen zu können, bittet Theresia in ihrer „Weihehingabe an diese barmherzige Liebe Gottes", so mögen die in seinem Herzen beschlossenen Ströme der unendlichen Zärtlichkeit in ihre Seele überströmen lassen. Dann wird sie ein Werkzeug und eine Zeugin dieser Liebe werden.

Diese Liebe allein ist die Quelle all dessen, was Christus durch uns wirkt. Darum schreibt Theresia: „Ich begriff, dass die Liebe alle Berufungen in sich schließt. Da rief ich im Übermaß meiner überschäumenden Freude: endlich habe ich meine Berufung gefunden, meine Berufung ist die Liebe! Im Herzen meiner Mutter, der Kirche, werde ich die Liebe sein, dann werde ich alles sein, so wird mein Traum Wirklichkeit werden." Deshalb bittet sie Jesus, sie so in die Flammen seiner Liebe hineinzuziehen, dass er in ihr lebe und wirke. Darum gibt es in der Welt nur eine einzige, uns von Sünde, Leid und Tod erlösende Kraft. Diese Kraft ist Gott selbst, denn Gott ist Liebe.

Darum können wir ohne ihn nichts Gutes wirken, sondern nur Gott durch uns selbst. Selbst wenn wir an jedem äußerlichen Tun verhindert wären, würde dennoch die Strahlkraft der Liebe des in uns wohnenden Christus durch uns wirken. Dies war Theresias wichtigste und letzte Entdeckung. Von Johannes vom Kreuz wusste sie, „dass der kleinste Akt der reinen Liebe der Kirche mehr nützt als alle Werke zusammen." Echte Liebe ist immer die Anwesenheit der Liebe Gottes durch uns. „Wer liebt, bleibt in Gott und Gott bleibt in ihm." Wer aber nicht liebt, verdrängt Gott aus sich und damit aus der Welt. Wer liebt, strahlt Gottes heilende, erlösende Liebe in die Welt hinein.

Deshalb hat uns Gott Theresia als Kirchenlehrerin gerade für heute geschenkt! Schon Donoso Cortès sagte damals: „Nur noch Heilige vermögen uns zu retten!“ Pius XI., der Theresia zur Patronin einer missionarischen Kirche erhob, hat in einem einzigen Satz das Geheimnis der Strahlkraft der Liebe Gottes durch uns zusammengefasst: „Der apostolisch wirkende Mensch wirkt nicht durch das, was er sagt oder tut, sondern durch das, was er im Innersten ist und ausstrahlt.“ Darin liegt die Bedeutung des Wortes, das Theresia ihren Schwestern und uns allen als Testament hinterließ: „Nur die Liebe zählt!“

Dechant Klaus Leist

Ich bereue es nicht, mich der Liebe ausgeliefert zu haben

Predigt zur Eröffnung der Theresienwallfahrt in der Kirche des Karmel in Lisieux am 12. Juli 1999

Während seines Pariser Aufenthaltes ging der deutsche Dichter Rainer-Maria Rilke täglich um die Mittagszeit in Begleitung einer jungen Französin an einer alten Bettlerin vorbei. Stumm und unbeweglich saß die Frau da und nahm die Gaben der Vorübergehenden ohne jedes Anzeichen von Dankbarkeit entgegen. Der Dichter gab ihr zur Verwunderung seiner Begleiterin, die selbst immer eine Münze bereit hatte, nichts. Vorsichtig darüber befragt, sagte er: Man müsste ihrem Herzen schenken, nicht ihrer Hand. An einem der nächsten Tage erschien Rilke mit einer wundervollen, halberblühten Rose. Ah, dachte das Mädchen, eine Blume für mich, wie schön! Aber er legte die Rose in die Hand der Bettlerin.
Da geschah etwas Merkwürdiges: Die Frau stand auf, griff nach seiner Hand, küsste sie und ging mit der Rose davon. Eine Woche lang blieb sie verschwunden. Dann saß sie wieder auf ihrem Platz, stumm, starr wie zuvor. Wovon mag sie die ganzen Tage über gelebt haben? Rilke antwortete: Von der Rose!

In dieser kleinen Geschichte wird deutlich, dass wir Menschen nicht nur von den materiellen Gütern und Werten leben, die uns heute zur Verfügung stehen, sondern von Gesten und Zeichen, die wir aus unserem Herzen unseren Mitmenschen in die Hände legen.

Theresia von Lisieux (1873–1897) hat dies mit ihrem jungen Leben als strenge Karmelitin nicht nur verstanden, sondern es auch in ihr Leben umgesetzt. Eines ihrer schönsten Worte strahlt gleichsam wie ein Stern über ihrem Leben: „Ich will meinen Himmel damit verbringen, auf Erden Gutes zu tun. Ich werde Rosen regnen lassen." Theresia sieht ihr christliches Leben nicht nur auf diese zeitliche Welt begrenzt, sie ist zutiefst davon überzeugt, dass ihr Leben bei Gott weitergehen wird und sie von dort aus den Menschen ihren kleinen Weg der Nachfolge zeigen kann.

Als Kind schon, eingebunden in die Harmonie und in die Liebe ihrer Familie, hat sie den Geist des Evangeliums in Vertrautheit und Geborgenheit einatmen können und spürte schon sehr früh ihre Berufung zur Ordensfrau. Nicht nur für ihre Eltern und Geschwister, wohl auch für die Mitschwestern im Karmel, war Theresia eine solche Rose, die die Herzen derer erfreuen konnte, mit denen sie täglich zusammen war.
Selbstverständlich wurde Theresia am 2. Januar 1873 nicht schon als Karmelitin oder als Heilige geboren. Überaus sensibel und ängstlich hat sie als Kind harte Lebenswirklichkeiten erfahren müssen. Gerade vier Jahre war sie alt, als ihre geliebte Mutter starb und sie aus der gewohnten Umgebung mit ihrem Vater und ihren Schwestern von Alençon nach Lisieux umziehen musste. Der Klostereintritt ihrer Schwester Pauline nahm ihr ein zweites Mal die Mutter weg; ihr Wunsch, als 15-Jährige in den Karmel einzutreten, wurde ihr sehr schwer gemacht, und sie musste manche Hürden überspringen, um ihre frühe Berufung leben zu dürfen. Ebenso waren die ersten Jahre im Kloster für dieses Kind, wie ihre Mitschwestern sie nannten, kein Zuckerschlecken, eher harte Anstrengung und Selbstbeherrschung.

Dennoch hat sie sich auf dieses Abenteuer der Liebe mit ihrem Gott in großer Zuversicht und unzerstörbarem Optimismus eingelassen und uns damit ein Leben vorgelebt, an dem wir ablesen können, was Gott mit Menschen zu tun vermag, die das Angebot seines Rufes beantworten. Wie Paulus versteht sie in ihrer Schwachheit und Kleinheit ihre Stärke. Weil sie schwach ist, hat Gott sie auserwählt und berufen. Um dies nach außen zu verdeutlichen, wählt sie nach ihrem Klostereintritt den Beinamen „vom Kinde Jesus“. Die größte Glaubenserkenntnis ihres Lebens gipfelt darin, „dass der Allmächtige mich meine Kleinheit, mein Unvermögen zu allem Guten hat erkennen lassen.“ Durch diese Einsicht ist sie fähig an einen Gott zu glauben, der die Liebe ist. So kann sie in gläubiger Gewissheit ihre eigene Berufung definieren: „Ich habe meine Berufung gefunden. Meine Berufung ist die Liebe ... Im Herzen der Kirche, meiner Mutter, werde ich die Liebe sein; so werde ich alles sein!“

Nicht ein berechnender, strafender und rächender Gott, wie es der Jansenismus zu der damaligen Zeit lehrte, sondern ein Gott der Liebe und der Barmherzigkeit; ein Gott, der ein Herz hat für die Menschen, ist ihr Glaube, mit dem sie sich auf den Weg macht.
Mit diesem Marschgepäck der Liebe können auch wir Christen uns heute nach dem Beispiel der hl. Theresia auf unseren ureigenen Weg machen, denn der Weg Theresias ist ein Weg für alle, weil er von Gott begleitet wird. Die vielen Zivilisationsängste, die Menschen heute plagen, werden immer bedrängender und schreien geradezu nach Antworten, die eine Welt voller Individualismus und Ichbezogenheit nicht mehr zu geben vermag. Das Auseinanderbrechen von Familien, massenhafte Vernichtung von Arbeitsplätzen, die Vätern und Müttern die Zukunft und Sicherheit rauben, die Perspektivlosigkeit und Verwahrlosung der Kinder und Jugend, bedrängende Einsamkeit und Depression vieler Menschenarten geradezu in eine Hysterie aus, und unsere Welt steht in der Gefahr, zu einer bloßen Zuschauergesellschaft zu verkümmern. Welche Rosen gibt es da, die wir diesen Menschen in ihre Hände legen können?

Wer sich die Botschaft der kleinen Heiligen von Lisieux zu eigen machen will, um das Gesicht dieser geplagten und geschundenen Welt ein wenig um sich zu verändern und Wärme in sie hineinzutragen, der darf sich am Leben Theresias orientieren, dass die Liebe Gottes durch uns alles vermag. Wir brauchen dazu nichts Großes und Weltbewegendes zu tun, denn um Menschen zu erfreuen, deren Leben zu teilen und zu erwärmen, ist das Kleine entscheidend: ein freundlicher Gruß, ein Lächeln, ein liebes Wort, ein Besuch, eine kleine Anerkennung, ein Telefonanruf, einfach da zu sein, wo Menschen einander brauchen. Oder um es mit den Worten der kleinen Heiligen zu sagen: „Ein Wort, ein liebenswürdiges Lächeln genügen oft, um einen niedergeschlagenen Menschen aufzuheitern." Das sind Rosen, von denen Menschen ganze Tage über leben können. Wir können heute eher mit unserem Leben, unserer Güte und unserer Liebe Gott zur Sprache bringen als mit frommen und wohlfeilen Sprüchen, denn eine Sprache verstehen alle Menschen, auch ohne Fremdsprachenkenntnisse: die des Herzens.

Theresia hat diese Sprache des Herzens nicht nur verstanden, sie hat sie selbst gesprochen und wurde so für viele – bis heute – zum Vorbild und zur Fürsprecherin. Als sie 24-jährig am späten Nachmittag des 30. September 1897 auf dem Sterbebett mit ihren Mitschwestern über ihr Leben sprach, sagte sie einen Satz, der ihrer Lebensbilanz Recht geben sollte: „Ich bereue es nicht, mich der Liebe ausgeliefert zu haben!"
Wenn wir uns auf dieses Abenteuer der göttlichen Liebe einlassen, dann werden auch wir es sicherlich nicht bereuen, denn vor Gott zählt letztlich allein die Liebe.

Weihbischof Guy Gaucher

Vom Schattendasein zu weltweitem Ruhm

Wer die hl. Theresia von Lisieux ein wenig besser kennt als nur von den Klischeevorstellungen und den Bildern von Epinal, sieht sich mit einem erstaunlichen Paradox konfrontiert. Die Pilger bringen es auf den Punkt, wenn sie fragen, wieso Papst Pius XI. ihr 1927 den Titel „Patronin der Weltmission“ verliehen hat. Wie ist das nur möglich, angesichts der Tatsache, dass Schwester Theresia den Karmel vom Tage ihres Eintritts bis zu ihrem Tod (1888–1897) niemals verlassen hat? Zumal sie nur so kurze Zeit im Karmel war, nur etwa neun Jahre.

Auf einer tieferen Ebene lautet die Frage, vor die uns das eingangs erwähnte Paradox stellt: Wie ist es nur möglich, dass ein Leben, das sich so gänzlich unerkannt und verborgen in einem kleinen, unbekannten Karmelkloster abgespielt hat, innerhalb weniger Jahre auf allen fünf Kontinenten eine solche Ausstrahlung haben und einen „Orkan des Ruhmes“ über diesen kleinen Karmel der Normandie bringen konnte, der allen Stürmen tapfer standgehalten und weiterhin im Gebet und in der Treue zur Karmelregel ausgehalten hat?

Seit Jahren gibt es dafür mehrere Erklärungsversuche unter Zuhilfenahme der Geschichte oder der Soziologie, der Psychologie oder sogar der Psychoanalyse. Es sind diese Erklärungsversuche durchaus nicht uninteressant, sofern man sie nicht zur alleinigen Begründung macht, unter Ausschluss aller sonstigen Erklärungen.
Dennoch bleibt es eine Tatsache, dass keine dieser Begründungen für das Phänomen der weltweiten Ausstrahlung, die fraglos einmalig in der Heiligengeschichte der katholischen Kirche ist, eine hinreichende Erklärung bietet. Dafür lassen sich nur spirituelle Gründe anführen, also Gründe, die auf der Glaubensebene liegen.

Wenn Theresia in der ganzen Welt bekannt wurde, so ist die Ursache natürlich in jenem Buch zu suchen, das sie nie zu schreiben beabsichtigte, sondern nur „im Gehorsam" verfasste, und das ihre Schwestern mit dem Titel „Geschichte einer Seele" versahen. Im Jahre 1898 in einer Auflage von 2000 Exemplaren als Nekrolog der jungen Schwester erschienen, wurde es (ohne die modernen Kommunikationsmittel!) sehr rasch zu seinem weltweiten Bestseller, der seitdem in mehr als 60 Sprachen und Dialekte übersetzt worden ist.
Der Riesenerfolg dieses Buches hängt ohne jeden Zweifel damit zusammen, dass es mit der noch stark vom Jansenismus inspirierten Frömmigkeit der damaligen Zeit, die Angst vor der göttlichen Allmacht verbreitete, abgerechnet hat. Hier half eine junge Frau den Lesern, die barmherzige Liebe des Vaters wiederzuentdecken, der seinen geliebten Sohn ausliefert, um alle Menschen zu retten. Theresia hatte die wahre Grundhaltung des getauften Christen wiederentdeckt, der als Kind Gottes seinen Weg der Heiligung geht, indem er in seinem gewöhnlichen Alltag einzig vom Vertrauen und von der Liebe lebt.

„Der kleine Weg des Vertrauens und der Liebe", den Theresia mit 22 Jahren entdeckte, ist nichts anderes als ein Nachhall des Evangeliums, auf der Grundlage einer leidenschaftlichen Liebe zu Jesus. Theresia will nichts anderes als „ihn lieben und andere dazu bringen, ihn zu lieben".

Zu diesem Buch, das für viele Menschen zu einer echten Offenbarung wurde, kommt ferner der außergewöhnliche „Gnadenregen" hinzu, der ihrem in ihren letzten Lebensmonaten gemachten Versprechen gemäß auf die Welt herabgekommen ist: „Ich will meinen Himmel damit verbringen, bis zum Ende der Welt auf Erden Gutes zu tun." Sie hat ihr Versprechen wirklich gehalten und dabei alle Erwartungen derart übertroffen, dass sie mit den Worten von Kardinal Pacelli, dem späteren Papst Pius XII., „zur größten Wundertäterin der Moderne“ wurde.

Und wie wir hier in Lisieux und andernorts bezeugen können, gehen die Heilungen, Bekehrungen, Erscheinungen bis heute weiter. Es ist keine Frage, dass dieses posthume Wirken sehr zu der weltweiten Popularität Theresias beigetragen hat.

Ein weiterer Aspekt ihres „weiblichen Genius“ (Johannes Paul II.) kam seit ihrer Heiligsprechung im Jahr 1925 zum Tragen: ihre Lehrtätigkeit. Zahlreiche Theologen – angefangen von P. Petitot bis Hans Urs von Balthasar über Congar, Journet, Bro, Schönborn usw. – haben aufgezeigt, dass diese kleine Karmelitin, die die Schule bereits mit 13 Jahren verlassen hatte, über geniale christologische, ekklesiologische und mariologische Einsichten verfügte und mit ihrem wachen Gespür für das Wort Gottes ihrer Zeit weit voraus war.
Bereits 1932 wurde Papst Pius XI. gebeten, sie zur Kirchenlehrerin zu ernennen. Doch, obwohl dieser ein herausragender Theresia-Kenner war, schreckte er vor diesem mutigen Schritt zurück und überließ es seinen Nachfolgern, neue Kirchenlehrer(innen) zu ernennen. Erst Papst Paul VI. ernannte 1970 zwei Frauen zu Kirchenlehrerinnen, nämlich die hl. Teresa von Jesus (von Ávila) und die hl. Katharina von Siena. Nun tat sich die Tür auch für eine weitere Karmelitin auf. Auf das Ersuchen von fünfzig Bischofskonferenzen aus aller Welt und nach eingehender Prüfung durch die Kongregation für die Heiligsprechungen und die Glaubenskongregation ernannte Papst Johannes Paul II. am 19. Oktober 1997 in Gegenwart von 60 000 Pilgern auf dem Petersplatz die hl. Theresia vom Kinde Jesus und vom Heiligen Antlitz zur Kirchenlehrerin.

Er rechtfertigte seinen Entschluss in seinem Schreiben „Wissenschaft der göttlichen Liebe“, in dem er ihre

Weiblichkeit, ihre Jugend und ihr kontemplatives Leben hervorhob. Von den 33 Personen, denen bislang in der Geschichte der Kirche diese Ehre zuteil wurde, ist sie in der Tat erst die dritte Frau und die allerjüngste.

Auf dem Weltjugendtag in Paris hatte der Papst diese Ernennung mit folgenden Worten angekündigt: „Als echte Wissenschaft der Liebe ist die Lehre Theresias der leuchtende Ausdruck ihrer Vertrautheit mit dem Geheimnis Christi und ihrer persönlichen Gnadenerfahrung. Sie hilft den Männern und Frauen von heute und sie wird auch denen von morgen helfen, die Gaben Gottes besser zu erkennen und die Frohbotschaft seiner grenzenlosen Liebe zu verbreiten. Als Karmelitin und Apostel, als Lehrmeisterin spiritueller Weisheit für viele Gottgeweihte und Laien, als Patronin der Weltmission hat die hl. Theresia in der Kirche einen besonderen Platz. Ihre herausragende Lehre verdient es, als eine der fruchtbarsten überhaupt anerkannt zu werden.“ (24. August 1997)

Seit 1994 hat die weltweite Ausstrahlung der hl. Theresia von Lisieux eine neue, völlig unerwartete und für das säkularisierte Denken unserer Zeit ziemlich verwirrende Gestalt angenommen: Ihre Reliquien reisen durch alle Welt und ziehen überall Millionen an, was in der Geschichte des Christentums zweifellos einmalig ist.
Nach einem zaghaften Anfang in Frankreich (Lyon, Marseille und Paris) im Jahr 1994 hat diese Pilgerreise völlig unerwartete Dimensionen angenommen.

Auf die ausschließliche Bitte von Bischofskonferenzen hat ihr Reliquienschrein mittlerweile 34 Länder auf allen fünf Kontinenten besucht. Und die Reise geht nach wie vor weiter. Die gegenwärtige Planung läuft bis 2007, aber noch kann niemand sagen, wann sie endgültig in den Karmel von Lisieux heimkehren wird. Neuerdings haben auch einige französische Bischöfe (bislang etwa fünfzehn) gebeten, dass ihnen der Schrein bei der Evangelisierung ihrer Diözesen behilflich sein möge.

Es geht in der Tat um Evangelisierung und keineswegs um Personenkult. Theresia lebt nur, um andere zu Jesus zu führen und „sie dazu zu bringen, ihn zu lieben.“ Ob in den USA, auf den Philippinen, in Mexiko, Benin oder in Kolumbien, überall begegnen einem dieselben Konstanten, die Anlass zu einer ernsten Hinterfragung der gängigen Seelsorgepraxis bieten: Die Menschen strömen massenhaft zu Theresia, weit über die Zahl der praktizierenden Katholiken hinaus, darunter viele, die seit Jahren in keiner Kirche waren! Überall wird um die Sakramente gebeten, vor allem um das Sakrament der Versöhnung.

Es zeigt sich ein überraschender ökumenischer Aspekt: Unter den Pilgern sind Muslime (im Libanon und Irak), Orthodoxe (in Russland) und Protestanten (in Irland).
Es gibt einen wahren Zustrom von Religionslosen, die aus Neugier kommen, manchmal aber auch bis ins Herz getroffen sind, vor allem in den Gefängnissen.
Es gibt körperliche Heilungswunder (Libanon, Philippinen), deren Echtheit nur die Ortsbischöfe überprüfen können.
Es finden zahlreiche Bekehrungen statt.
Durch Vorträge, Predigten, Bücherverkauf, Verbreitung der „Geschichte einer Seele“ in den einheimischen Sprachen entdecken viele die Botschaft Theresias für sich.
Es finden spontane liturgische Feiern und sonstige Veranstaltungen statt: Nächtliche Gebetswachen bei den Reliquien, Jugendmärsche, Theaterstücke, Prozessionen, Krankenhausbesuche usw.

Nach der Weiterreise der Reliquien gibt es oft weitere Initiativen: Es werden Straßen und Ordenshäuser nach Theresia benannt, Gebetsgruppen gebildet, zu Ehren Theresias werden Kirchen und Kapellen und sogar eine Basilika auf den Philippinen gebaut.

Letztlich weiß nur Gott, was, äußerlich unsichtbar, in den Herzen der Teilnehmer und Teilnehmerinnen vor sich geht. In Irland, den USA und Kanada sind Bücher erschienen, in denen über die Wunder berichtet wird, die Theresia in diesen Ländern gewirkt hat.

Diese weltweite Breitenwirkung ist noch nicht abgeschlossen. Wir sind ihre verwunderten, aber keinesfalls eingebildeten Zeugen. Theresia ist bereits mehrfach eine große Zukunft als Missionarin und Kirchenlehrerin für neue Zeiten und Orte vorhergesagt worden.
Eine der bemerkenswertesten „Prophetien", zumal sie bereits aus dem Jahr 1932 datiert ist, stammt von dem Karmeliten P. Marie-Eugène vom Kinde Jesu Grialou (†1967), dessen Seligsprechungsprozess eröffnet ist: „An jede geschichtliche Wende stellt der Heilige Geist eine Führergestalt hin, jeder neu aufkommenden Zivilisation schenkt er eine(n) Lehrmeister(in), um ihr vorzuleuchten ... An die Schwelle der neuen Welt, die sich bereits ankündigt, größer und mächtiger als alle vorigen, da sie das ganze Universum umfasst und erobert hat, zugleich aber auch gequälter und zerrissener, hat Gott Theresia vom Kinde Jesus hingestellt, damit sie die Liebe offenbart und lieben macht und ein unzähliges Heer von kleinen Seelen auf die Beine bringt, die die Liebe erfahren haben und fähig sind, den täglichen Kleinkampf um sie hier auf Erden zu bestehen. Vorhersagen sind immer riskant. Ist es aber eine Vorhersage, unser aller Vorahnungen Ausdruck zu verleihen, unserer Überzeugung, die sich auf das stützt, was heute bereits verwirklicht ist, auf die gewaltigen Ausmaße des Feldes, auf dem sie bereits am Werk ist – kein anderes als die ganze Welt –, auf die Macht und Lauterkeit des Lichtes, das da aufstrahlt, und dann die Behauptung aufzustellen, dass Theresia zu den großen geistlichen Lehrmeistern der Kirche und zu den mächtigsten Seelenführern aller Zeiten zählen wird oder vielmehr heute schon zählt."
„Als kleines Kind wird sie den Seelen, welche das Heer

der Heiligen der letzten Tage bilden werden, beibringen, sich ganz und gar der Barmherzigkeit Gottes auszuliefern. Wir stehen erst am Anfang ihrer Mission. Die großen Werke stehen noch aus, und erst durch sie wird die hl. Theresia als die offenbar werden, die sie ist: Als eine Große unter den Heiligen!“

Dechant Klaus Leist

Im Herzen der Kirche werde ich alles sein

Predigt in der Kathedrale St. Pierre in Lisieux am 13. Juli 1999

Diese Kathedrale St. Peter hier in Lisieux ist mit dem jungen Leben der kleinen Heiligen Theresia aufs engste verbunden. Es war ihre Pfarrkirche, hier an diesem Ort ging sie täglich zur heiligen Messe, hier ging sie zur Beichte, um sich im Sakrament der Buße mit ihrem Gott und den Menschen zu versöhnen. Diese Kathedrale war bis zum Eintritt in den Karmel ihre Kirche. Gerne ging sie mit ihrem Vater und ihren Schwestern hierhin zum Gottesdienst, weil sie dieses Gebäude lieb gewonnen hatte. Sie ging aber nicht nur wegen des Gebäudes, wegen der Steine hierher, sondern weil sie die Kirche überhaupt liebte. Und damit gibt sie schon sehr früh eine lebendig gelebte Antwort auf die Frage, die Jesus im gerade gehörten Evangelium an Petrus stellte: „Liebst du mich?"

Dies ist eine nicht zu unterschätzende, ja eine geradezu zentrale Frage Jesu an diesen Petrus damals am See von Tiberias, aber auch eine ebenso zentrale Frage an uns Christen heute. Und nehmen wir diese Frage Jesu gerade heute an diesem Ort und in diesem Heiligen Jahr einmal zum Anlass, um darüber nachzudenken, wo unser Platz in dieser großen Kirchengemeinschaft ist, was diese Kirche für uns bedeutet und ob wir Jesus auch diese Frage so beantworten können, wie Petrus dies getan hat.

Die Kirche hat von ihrer Attraktivität, von ihrer Anziehungskraft eingebüßt. Nur noch wenige finden in dieser Kirche ihre Heimat, nur noch wenige sehen ihren Platz darin und viele distanzieren sich in einem immer größer werdenden Abstand. Bange Tendenzen tun sich da auf und lassen spekulativ nichts Gutes erkennen, wie es in 10 oder 15 Jahren in unserer Kirche ausschauen wird.

Dennoch wird die Kirche nicht untergehen, sie wird wahrscheinlich eine andere Gestalt annehmen, so wie sie durch die 20 Jahrhunderte hindurch schon viele Gestalten hatte. Wir brauchen aber auch Stimmen und Erfahrungen, die uns wider alle Hoffnungslosigkeiten Mut machen und uns Wege der Erneuerung zeigen.

Am Weltmissionssonntag 1997, gut 100 Jahre nach ihrem Tod, wurde die hl. Theresia von Papst Johannes Paul II. zur Kirchenlehrerin erhoben und ihr somit eine weltweite Kirchenkompetenz zugesprochen.

Eine wichtige Erkenntnis für Theresia ist, dass die Kirche keine anonyme Größe, sondern dass sie eine lebendige Größe ist, die von Jesus Christus gegründet wurde und aufs engste mit ihm verbunden ist.

„Im Herzen der Kirche, meiner Mutter, werde ich die Liebe sein, so werde ich alles sein!“ hat sie einmal bekannt. Die Kirche hat für Theresia also ein Herz, das heißt, dass sie sich vertrauensvoll in dieser Kirche, an diesem Herz, beheimatet fühlen kann. Sie verdankt dieser Kirche, dieser herzlichen Mutter, ihren Glauben und ihre Berufung; ihre Berufung als Karmelitin, die aber eine solch innere Größe und Weite hat, dass sie sogar mehrere Berufungen in sich verspürt: „Ich fühle meine Berufung zum Krieger, zum Priester, zum Missionar, zum Kirchenlehrer, zum Märtyrer; kurz, ich spüre das Bedürfnis, den Wunsch, für dich, Jesus, die herrlichsten Werke allesamt zu vollbringen ...“

So kann nur jemand reden, der von Jesus überzeugt ist, der in tiefer innerer Verbundenheit mit Jesus lebt und der die Frage Jesu, ähnlich wie Petrus, beantwortet hat: „Herr, du weißt alles, du weißt, dass ich dich lieb habe.“ Und aus dieser Liebe heraus ist Theresia bereit, alles für Jesus zu tun. Die Liebe zu ihm setzt in ihr Kräfte frei und lässt sie Grenzen überspringen, dass sie für ihn total verfügbar ist.

Theresia war eine geerdete Heilige. Eine Ordensfrau, die mitten im Leben stand, mit den Füßen auf dem Boden der Lebenswirklichkeit. Sie konnte sich endlos begeistern, konnte aber auch in enttäuschenden Augenblicken zu Tode betrübt sein. Auch sie hat herbe Enttäuschungen mit dieser Kirche und ihren Amtsträgern erlebt: Der Bischof von Bayeux und Papst Leo XIII. gestatteten ihr den Klostereintritt nicht; auf der Pilgerfahrt nach Rom war sie als Jugendliche über das Verhalten der 75 mitpilgernden Priester entsetzt und enttäuscht, so dass sie für sie betete; auch das Verhalten ihrer Priorin im Karmel und das Verhalten ihrer Mitschwestern ihr gegenüber ließ auf Jahre hin zu wünschen übrig. Rein menschlich gesehen hätte sie allen Grund gehabt, nie ins Kloster einzutreten oder sich schon nach wenigen Monaten ihres Eintrittes vom Klosterleben wieder zu verabschieden – mit rein menschlichen Augen betrachtet!
Aber Theresia hat mit einem anderen Maßstab gemessen und verglichen, nämlich mit der Anfrage Jesu: „Theresia, liebst du mich?“

Nur auf diesem Fundament konnte sie in dieser Gemeinschaft der Kirche ihre Berufung leben und somit die Kirche erneuern.
Deswegen bedarf es immer Menschen, die diese Kirche erneuern. Auch Jahrzehnte nach dem II. Vatikanischen Konzil muss sich die Kirche noch erneuern. Ich meine, wir brauchen kein neues Konzil, keine allzu großen neuen Strukturen und Formen, nicht mehr äußerlicher Aktivismus oder äußere Aktionen, sondern die Kirche muss sich von innen erneuern: der Geist Gottes muss in ihr wieder spürbar werden, die Kirche muss wieder mehr und entschiedener den Geist des Evangeliums ein- und ausatmen, damit die Menschen davon angesteckt werden. Eine positive Veränderung, eine Reform der Kirche ergibt sich einzig und allein, wenn die Christen ihren Glauben, ihre Hoffnung und ihre Liebe leben.

Daher darf Theresias Botschaft zur Erneuerung der Kirche auch heute noch gehört werden. Begeben wir uns wie sie hin zur Mitte, um in der vollkommenen Liebe zu leben. Dann können auch wir diese wunderbare Frage Jesu wie Petrus und Theresia beantworten:
„Ja, Herr, du weißt alles, du weißt auch, dass ich dich lieb habe!“

Rektor Karl Heinz Schnorbach

Den Sprung wagen

Predigt in der Kathedrale „Notre Dame“ in Bayeux am 14. Juli 1999

Aus meiner Jugendzeit ein Erlebnis: Es ist mir in lebendiger Erinnerung geblieben, als wir in der Kriegszeit Dienst tun mussten bei der Jugendfeuerwehr. Es war eine gute Ausbildung: Löschübungen, Gasübungen, Menschen retten, das Spannendste aber auch Gewagteste: ein Sprung aus dem zweiten Stock der Feuerwehrschule in ein Sprungtuch hinein, das die Kameraden ausgespannt hielten.

Gewagt? – Da sitzt man auf dem Fensterbrett, ein Junge von 15 Jahren, schaut in die Tiefe. Fragen: Ob ich gut ankomme? Halten die Kameraden das Tuch gut fest? Gibt es eine Bauchlandung? Ja, es gehört Mut dazu. Ich habe den Sprung gewagt. Da kommt mir der Gedanke: Ist es nicht im Leben bei uns Menschen immer so? Sprung in ungewisse Tiefen! Wer weiß, was geschieht? Was uns erwartet? Ein Bild für die menschliche Existenz! Der Existentialismus erklärt es so: Du wirst gehalten sein über einen Abgrund, geworfen ins Dasein, wer hält uns oder lässt uns fallen? Rühren wir nicht an einem Grundproblem menschlichen Daseins? Problem: Werde ich angenommen? Wie werde ich aufgenommen? In allem die Sehnsucht angenommen zu sein! Schon bei der Geburt ist es wichtig, dass der Mensch nicht einfach nur da ist und auf die Welt gekommen ist, sondern dass wir empfangen werden, dass uns jemand annimmt, auch mit Fehlern oder Behinderungen.
Nach Entscheid des Bundesverfassungsgerichts ist das ja ein Grund, ein Kind abzulehnen: unzumutbar wegen einer Behinderung. Für ein Neugeborenes ist das unbewusst, aber erlebnisstark und prägend für das ganze Leben. Auch schon die Monate im Leib der Mutter prägen

den Charakter des Kindes: ob liebevoll umsorgt, froh erwartet oder schon abgelehnt. Aus der innigen Verbindung zwischen Mutter und Kind ist es ja auch gar nicht anders zu erwarten. Ob die Mutter eine schwere oder frohe Zeit mitmacht. Das Kind ist schon vorgeburtlich geprägt.
Und dann geht es weiter so im Leben: beim Spielen ist es wichtig, dass wir angenommen werden; in der Schule, dass wir von Schülern und Lehrern gewollt und nicht ausgeschlossen werden. Und weiter geht es im Beruf mit Mobbing bis zum Partner, der einen annimmt, wie man ist. Es ist wie ein Fallen ins Ungewisse. Das gilt so im natürlichen Bereich: für uns Menschen und unter uns Menschen die Sehnsucht angenommen zu werden.
Gilt das aber auch für uns Menschen und unser Verhältnis zu Gott? Wir müssen sagen: Ja! Die Heilige Schrift versteht unter Glauben den vertrauenden Sprung in die offenen Arme Gottes. Oder: seine ausgestreckte Hand ergreifen, das heißt: glauben. Im Leben des Menschen gilt es, den Sprung in die Liebe Gottes zu wagen. Die bange Frage: Werde ich angenommen von Gott oder fallengelassen?
Zwei wichtige Entscheidungen sind es, die dazu gehören: ERSTENS: sich lösen und ZWEITENS springen, sich fallen lassen.
Lösen: freiwerden, aufgeben einer sicheren Position, verzichten! Dies fällt dem modernen Menschen besonders schwer. Das ist heute kein Thema mehr. Man versteht das heute anders und die Parolen werden dem Menschen eingehämmert. Da heißt es: Emanzipation, Lebensverwirklichung, Selbstverwirklichung über alles, das wird zum Lebensziel. Das bedeutet, das ICH steht im Mittelpunkt: ICH will entscheiden, ICH will haben: ICH, ICH und nochmals ICH! Gemeint ist die absolute Selbstbestimmung auf dem Boden eines antichristlichen, individualistischen Menschenbildes.
Dazu passt gut das Wort Celines an Theresia: „Ich äußerte den Wunsch, die Menschen sollten meine Bemühungen honorieren und meine Fortschritte beachten.“

Theresia entgegnete spontan: „So handeln würde bedeuten, das Huhn nachzuahmen, das – so bald es ein Ei gelegt hat – alle Passanten darauf aufmerksam macht. Genauso wollen Sie, kaum, dass Sie etwas Gutes getan haben oder eine selbstlose Absicht verfolgen, dass alle Welt es erfährt und Sie beachtet."
Das ganze Leben der Theresia sagt uns etwas ganz anderes: getragen von großem Vertrauen spricht sie uns zu und lebt uns vor. Das Lösen, Lassen, Loslassen, Leer werden, Weggeben ist oft ein schmerzhafter Lösungsprozess. So löst sie sich mit 15 Jahren von der Familie und den Buissonnets, dem lieblichen Nest ihrer Kindheit. Freikommen vom Ich, das ist die Weihnachtsoffenbarung von 1886 (Geschenke in den Schuhen, Befreiung aus der Ich-Verkrampfung). So kann sie später in einem Brief antworten: „Lösen Sie Ihr Herz von irdischen Sorgen, vor allem aber von den Geschöpfen. Dann dürfen Sie sicher sein, dass Jesus das Übrige tut."
Lassen, Verlassen bringt Gelassenheit. Auf die Frage ihrer Schwester Agnes: „Wie sind Sie zu diesem unwandelbaren Frieden gelangt?", sagt Theresia: „Ich habe mich selbst vergessen und mich bemüht, in nichts mich selbst zu suchen." Freikommen vom Ich – das ist die Selbstoffenbarung!
Springen: Dann folgt das Zweite, Wichtige und Gewagte: Springen! Diesen Weg ist Theresia gegangen. Hier wird Kleinsein zur wahren Größe, die sich loslässt und sich hingibt in die Hände Gottes hinein. Das ist der mutige Schritt. Eine Fülle von Aussagen finden wir bei Theresia. Vertrauen bedeutet für sie: Der nie zur Vergangenheit werdende Sprung in den Abgrund der Barmherzigkeit. Das Vertrauen und nichts als das Vertrauen soll uns zur Liebe führen. Der unendlichen Liebe entspricht ein unendliches Vertrauen. Mein Weg ist ganz Vertrauen und Liebe. Ich verstehe Menschen nicht, die vor einem so liebevollen Freund Angst haben. Gott will, dass ich mich ihm wie ein kleines Kind überlasse. Es sorgt sich nicht darüber, was man mit ihm anstellen will. Die Hand Gottes, die sich uns

immer wieder entgegenstreckt, ist nicht leer. Gottes Hand ist unerschöpflich gefüllt mit seiner barmherzigen Liebe in Christus. So bringt sie es fertig: sie sagt auch Ja zum Leid und Kreuz in ihrem eigenen Leben.
Wir sind auf dem Weg! Immer wieder gilt es loslassen und den Sprung wagen. Ein kleines freiwilliges Verzichten und Loslassen jeden Tag! Sich einüben auf das letzte Loslassen und Hingeben des Lebens: das ist das Schwerste. Gott hat uns sicher auch geprüft, aber nie im Stich gelassen. So können wir mit Theresia sagen: „Ich bereue es nicht, mich der Liebe ausgeliefert zu haben."
Vielleicht kommt auch für uns eine letzte, schwere Prüfung, wie bei Christus am Kreuz. Mein Gott, das Gefühl, er hat mich fallen gelassen, er hat mich nicht mehr lieb. Aber sein letztes Wort sagt Christus: „In Deine Hände..." Der Beter des 73. Psalms sagt es so schön: „Ich aber bleibe immer bei dir, du hältst mich an meiner Rechten, du leitest mich nach deinem Ratschluss und nimmst mich am Ende auf in Herrlichkeit." So bei Christus, so bei Theresia, so einmal bei uns: ein tröstliches, frohmachendes und stärkendes Wort: Du nimmst mich am Ende auf in Herrlichkeit.

Diakon Hugo Naumann

Maria ist mehr Mutter als Königin

Predigt in der Wallfahrtskirche „Notre Dame de Grâce“ in Honfleur am 15. Juli 1999

Die großen Heiligen sind immer auch große Marienverehrer gewesen. In einer Predigt zum Fest Mariä Geburt erklärt es der hl. Bernhard von Clairvaux so: „Das ist der Wille dessen, der wollte, dass wir alles durch Maria empfangen.“
Durch Maria hat Gott auch in das Leben der hl. Theresia von Lisieux hineingewirkt. Sie war damals zehn Jahre alt. Eine unerklärliche psychische Krankheit hielt sie gefangen. Sie schien am Ende. Durch eine Vision, in der sie das heilende Lächeln der Gottesmutter erfuhr, wurde dieses Ende in einen ganz neuen Anfang ihres Lebens verwandelt. Welche Liebe und Zärtlichkeit, aber auch welches unerschütterliche Vertrauen die hl. Theresia zu Maria hatte, zeigen ihre Aufzeichnungen über diese Begebenheit, wenn sie schreibt:
„Die hl. Jungfrau ließ mich erfahren, dass es wirklich sie war, die mir zugelächelt und mich geheilt hatte. Ich begriff, dass sie über mich wachte, dass ich ihr Kind war. Daher konnte ich sic nur noch mit dem Namen ‚Mama’ ansprechen, denn dieser schien mir noch zärtlicher als der Name ‚Mutter’. Mit welcher Leidenschaft bat ich sie doch, mich immer zu beschützen.“

Bewunderung und Verehrung schenkte die hl. Theresia der Muttergottes vor allem wegen ihres verborgenen Lebens und ihrer alltäglichen Tugenden. Daher schreibt sie an einer anderen Stelle ihrer Aufzeichnungen:
„Wie gerne wäre ich Priester geworden, um über die Jungfrau Maria zu predigen. Zunächst hätte ich gezeigt, wie wenig das Leben der hl. Jungfrau bekannt ist. Damit eine Predigt über die hl. Jungfrau fruchtet, muss sie ihr wirkliches Leben darstellen, so wie das Evangelium es

durchblicken lässt, und nicht, wie man es sich ausdenkt. Man errät leicht, dass ihr wirkliches Leben in Nazaret und später nur ganz einfach verlaufen konnte. Man stellt die hl. Jungfrau als unnahbar dar. Man sollte jedoch zeigen, dass sie nachahmbar ist und die verborgenen Tugenden übte; man sollte sagen, dass sie, wie wir, aus dem Glauben lebte; man sollte dafür Beweise aus dem Evangelium bringen, wo wir lesen: „Sie verstanden nicht, was er ihnen sagte", oder: „Sein Vater und seine Mutter waren verwundert über das, was man über ihn sagte", oder: „Er war ihnen untertan!" Wie einfach ist das!
Man ist sich wohl bewusst, dass die hl. Jungfrau die Königin des Himmels und der Erde ist. Aber sie ist mehr Mutter als Königin. Es ist schon richtig, von ihren Vorrechten zu sprechen; aber man darf sich nicht darauf beschränken. Man muss dafür Sorge tragen, dass sie geliebt wird."

Ja, man muss dafür Sorge tragen, dass Maria geliebt wird. Das können wir aber nur dann in rechtem Maß, wenn wir in Maria mehr die Mutter als die Königin sehen, wie es Theresia so treffend sagt. Maria, die Mutter, Maria, die Frau aus dem Volke, Maria, eine von uns.
Wie wenig sich eigentlich das Alltagsleben Marias von unserem unterscheidet, zeigt schon die Verkündigungsszene, wie sie uns Lukas überliefert hat. Da steht nicht die Sensation im Vordergrund.
Mitten am Tag erhält Maria in ihrem Haus Besuch von einem Engel, als sei es die selbstverständlichste Sache der Welt. Sie erschrickt nicht über den Himmelsboten, sondern über das, was er ihr zu sagen hat: „Gruß dir, Begnadete, der Herr ist mit dir." Seine Botschaft nimmt sie gelassen zur Kenntnis, fragt einmal kurz nach und willigt ohne langes Zögern in das ihr von Gott zugedachte Schicksal ein. Ebenso unvermittelt, wie er gekommen ist, entschwindet der Engel. Und doch hat sich in diesem winzigen Ereignis das Schicksal der ganzen Welt entschieden. Maria wird Mutter, die Mutter des Sohnes des Allerhöchsten, sie, die junge Frau aus einfachen Verhältnissen.

Und nach diesem Ereignis geht der Alltag für Maria weiter. Zunächst, so wird uns berichtet, geht sie zu ihrer Cousine Elisabeth, um ihr bei der Geburt ihres Kindes beizustehen. Sie schickt nicht wie eine Königin eine ihrer Dienerinnen hin, vielleicht mit Geld und guten Worten, nein sie selbst hilft. Sie tut also Alltägliches, wie wir es auch tun, wenn wir zu Verwandten und Bekannten, Freunden und Nachbarn gehen, um ihnen in allen möglichen Lebenslagen zu helfen, sei es in einer Krankheit oder beim Bau eines Hauses.
Anschließend begibt sie sich mit Josef auf die Reise nach Bethlehem, obwohl ihre Niederkunft bevorsteht, um gesetzliche Vorschriften, die angeordnete Registrierung, zu befolgen. Sie sagt nicht: „Ich bin die Königin des Himmels und bin mit dem Sohne Gottes schwanger, was scheren mich da die Gesetze und Vorschriften der Welt.“ Sie lebt den gesellschaftlichen und staatlichen Alltag, wie auch wir ihn täglich leben und erleben mit allen Geboten, Vorschriften und Normen.
Schließlich findet die Geburt ihres Sohnes auch nicht in einem Königsschloss hinter hohen Mauern, umsorgt von Dienerinnen und Ärzten, statt, sondern in einer Krippe in einem Stall, draußen auf dem Feld, allein mit ihrem Bräutigam Josef. Bei den Ärmsten der Armen der damaligen Zeit, den Hirten mit ihrem Vieh, muss sie ihr Kind zur Welt bringen. Als Königin hätte ihr sicherlich in Bethlehem keiner die Tür gewiesen. Nein, sie hatte keine Privilegien, ebenso wie die wenigsten von uns.

Auch nach der Geburt reißen Sorgen und Kummer nicht ab. Die Familie muss nach Ägypten fliehen, in ein fremdes Land, mit fremder Sprache, fremder Kultur. Damit reiht sie sich in die Schlange von Millionen Menschen unserer Zeit ein, die noch auf der Flucht sind oder waren. Es waren Menschen, die alles verlassen und sich irgendwo anders eine neue Existenz aufbauen mussten. Vielleicht ist der eine oder die andere von Ihnen vom gleichen Schicksal betroffen gewesen?

Nach der glücklichen Rückkehr aus Ägypten, als sich die Familie in Nazaret niedergelassen hat, haben die Sorgen des Alltags das Leben Marias und Josefs mit Fragen und auch Unverständnis weiter in Anspruch genommen, wie wir eben im Evangelium gehört haben.

Die Angst und Suche nach dem verlorenen Kind bei der Wallfahrt und das Unverständnis über seine Antwort im Tempel erinnern uns doch allzu sehr an unsere eigenen Ängste und Sorgen als Vater, als Mutter. Wenn die Kinder anfangen zu laufen, wenn sie in den Kindergarten, zur Schule gehen, wenn sie spielen oder gar krank sind. Dann nehmen die Sorgen und Fragen, wenn die Kinder erwachsen werden, zu. Bekommt mein Sohn, meine Tochter einen guten Schulabschluss, bekommen sie eine Lehrstelle, die ihnen auch Freude bereitet? Mit welchem Freund, welcher Freundin gehen sie aus? Wie ist das evtl. mit Drogen- oder Alkoholkonsum, mit der Kriminalität, usw.?
Und auch wenn die Kinder erwachsen sind, aus dem Haus sind, bleiben sie doch unsere Kinder, jetzt möglicherweise mit ihrem eigenen Kummer und ihrer Freude, mit denen sie zu uns kommen.

Unser Alltagsleben, die Probleme mit Kindern und Ehepartnern, die Konflikte im Beruf und mit Freunden, der Alltagsstress, die Verstrickung in Schuld und Leid, die Freuden und Sorgen eines jeden Tages, hat auch Maria – mit Ausnahme der Schuld – in ähnlicher Weise als Mutter, als Frau, als Braut des hl. Josef zu ihrer Zeit erfahren und durchlebt. In diesem Zusammenhang sagt die hl. Theresia: „Damit ein Kind seine Mutter lieben kann, muss diese mit ihm weinen und seine Schmerzen teilen.“ Maria ist also wahrhaft unsere Mutter, unsere Ansprechpartnerin in unserem Alltag, unsere verstehende Fürsprecherin in Freud und Leid. Maria ist wahrhaft mehr Mutter als Königin.

Bei der Vorbereitung dieser Predigt ist mir das Lied „Maria dich lieben“ in einem neuen Licht erschienen, ganz besonders die dritte Strophe. Maria begegnet mir darin als die Frau aus dem Volk – eine von uns – vertraut mit Arbeit und Sorge ums tägliche Brot, vertraut mit der Mühsal des Lebens in Armut und Not, aber auch als Mutter der Gnade – Notre Dame de Grâce – wie sie hier verehrt wird, die uns, ihren Kinder, aus Not und Gefahr hilft.

Beten wir zu ihr voll Vertrauen wie die hl. Theresia von Lisieux: „Dein mütterlicher Anblick vertreibt alle meine Ängste. Er lehrt mich das Weinen; er lehrt mich die Freude.“

Dechant Klaus Leist

Alles lege ich in Seine Hände

Predigt zur Eröffnung der Theresienwallfahrt in der Kirche des Karmel in Lisieux am 23. Juni 2000

Jede Wallfahrt, die wir antreten und auf der wir uns befinden, soll uns eine Hilfe für unser Glaubensleben, aber auch eine Bereicherung sein. Sie soll unser Christsein verlebendigen und uns näher an Gott heranführen. Bei all dem, was man uns heutzutage durch die Medien an Informationsstoff vorgaukelt, brauchen wir erst recht eine Nahrung für unsere Herzen, unsere aufgescheuchten Seelen, für unser Menschsein, eine Nahrung, die uns zum wahren Leben verhilft. Die hl. Theresia kann uns hierfür eine sympathische Lehrmeisterin sein. In ihrer autobiografischen Schrift „Geschichte einer Seele" schreibt sie: „Indem ich begriff, dass es mir unmöglich ist, aus mir selbst heraus etwas tun zu können, schien mir die Arbeit vereinfacht. Meine innere und einzige Beschäftigung war, mich mehr und mehr mit Gott zu vereinigen, denn ich wusste, dass mir alles Übrige hinzu gegeben werde (Mt 6,33). Tatsächlich wurde meine Hoffnung nie getäuscht, meine Hand war gefüllt, sooft es notwendig war, um die Seelen meiner Schwestern zu nähren. Ich gestehe Ihnen, Mutter, hätte ich anders gehandelt und mich auf meine eigenen Kräfte verlassen, dann hätte ich Ihnen ohne Zögern die Waffen zurückgegeben."

Die Wallfahrtstage in diesem Heiligen Jahr stehen unter dem Thema: „Alles lege ich in Seine Hände!" Ein Wort der hl. Theresia, das einen tiefen Glauben und eine innige Gottverbundenheit in schlichter und einfacher Weise ausdrückt; aber auch ein anspruchsvolles Wort, das uns Christen gerade hier und heute zum Nachdenken bringen will und uns herausfordert. „Alles lege ich in Seine Hände!" – Was haben wir denn Gott in die Hände zu legen?

Mit dem Überschreiten des neuen Jahrtausends macht sich immer mehr die Erfahrung breit, dass wir Menschen trotz rasanten Fortschritts und aller Wissenschaftsträchtigkeit und Kommunikationsmöglichkeit via Internet und Computer nicht alles können. Die natürlichen Ressourcen an Energien werden immer mehr aufgebraucht, jahrzehntelang haben wir mit der ganzen Schöpfung derartigen Raubbau betrieben wie kaum Generationen vor uns. Wir haben aber immer noch nicht so recht begriffen, dass wir von unserem hohen Thron des Machbarkeitswahns herabsteigen müssen. Die Menschen haben ihre Grenzen erreicht. Die große deutsche Dichterin Gertrud von Le Fort hat einmal gesagt: „Die Grenzen des Menschen sind die Einbruchstore Gottes."

Glaubende Menschen können Gott dann auch wirklich alles in die Hände legen und ihm ihr Leben anvertrauen in der sicheren Gewissheit, dass es bei ihm gut aufgehoben ist und dass menschliches Leben trotz Brüche und Scheitern dennoch gelingen kann. Auf uns selber kommt es an, wie wir unser Leben definieren und was wir daraus machen.

Wenn wir Gott alles in die Hände legen, unser ganzes Leben, all unsere Not, die kleinen und großen Sorgen, die uns tagtäglich belasten oder unter denen wir gar zusammenzubrechen drohen, die Schicksalsschläge, Krankheiten und Leiden, die uns bedrücken und mutlos machen, dann befreien wir uns und Gott hat wieder die Möglichkeit an uns zu handeln und uns zu beschenken. Dieses Geschenk Gottes an unsere Herzen gibt unserem Menschsein eine Qualität, die es verdient, weil wir sein Ebenbild sind.
Das dürfen wir Gott wirklich zutrauen!
Erfüllung, Ruhe, Glück und Zufriedenheit, Selbstvertrauen und Mut in unserem Leben finden wir nur dann, wenn wir Gott vertrauen, aber wirklich nur restlos vertrauen, uns ihm mit all dem, was wir sind, anvertrauen.

Wer kann uns das glaubwürdig sagen oder dazu anleiten und auch ein glaubhaftes Zeugnis dafür geben?
Die Großen dieser Welt, zu denen wir aufschauen, die uns Vorbild sein sollen, enttäuschen uns nur allzu sehr: Die Skandale und die Eigeninteressen der Politiker sowie all jener, die in der Öffentlichkeit stehen, schrecken die Menschen ab und machen sie verdrießlich.
Hier und heute befinden wir uns an einem von Gott selbst ausgewählten Ort, an dem das Gottvertrauen bis zum Äußersten gelebt wurde.

Von diesem Ort hier strahlt etwas in die ganze Welt hinaus, man kann es fast greifbar spüren: das beispielhafte gläubige Leben der hl. Theresia vom Kinde Jesus.
Dieses strahlende Leben war nicht am 30. September 1897, als sie mit 24 Jahren starb, abgeschlossen, sondern trat danach erst seinen Siegeszug um den Erdball an, der bis heute anhält, weil es eben nicht um einen Menschen geht, sondern weil es um Gott geht. Theresia sieht eine ihrer wichtigsten Aufgaben darin, dass sie uns zu einem grenzenlosen Vertrauen und zu einer grenzenlosen Liebe zu Gott hinführen will. „Er hat unsere Werke nicht nötig, sondern einzig unsere Liebe", bekennt sie in ihrer Autobiografie. Für sie ist ihr eigener Lebensweg ein Weg des Vertrauens, den sie in kindlicher Hingabe an Gott gehen will und auch geht. Es war ein kleiner, ein einfacher Weg, der nichts Großes und Überwältigendes von einem abverlangt, lediglich das tägliche Leben auf Gott auszurichten und nach seinem Willen zu handeln und zu leben. „Jesus lieben und machen, dass er geliebt wird" ist ihr größtes Anliegen – für sich selber und ihre Mitmenschen.

Theresia vergleicht vieles in ihrem Glaubensleben mit leicht verständlichen und anschaulichen Bildern aus der Natur oder aus ihrem Lebensumfeld. Sie beschreibt, was sie unter einem kindlichen Gottvertrauen meint, in einem Bild:

Es ist wie mit einem Aufzug. Die reichen Leute brauchen nicht mehr mühsam Treppen zu steigen, sondern sie lassen sich von einem Fahrstuhl hoch tragen. Es gibt auch einen Fahrstuhl in den Himmel. Er ist reserviert für die Kleinen, die Schwachen, die Hilfsbedürftigen, die Sünder, kurz, für all jene, die demütig genug sind, einzusehen, dass sie es ohne Hilfe nicht mehr schaffen, heilig zu werden. Dieser Aufzug in den Himmel sind die Arme Jesu, in die wir uns vertrauensvoll hineinwerfen sollen.
Sie will sich in ihrer Unvollkommenheit ganz den Händen Jesu anvertrauen, weil sie weiß, dass sie in seinen liebenden Händen, in seiner Nähe geborgen ist und ihr geistliches Leben reifen kann. Deswegen kann sie sagen: „Ich muss mich so ertragen, wie ich bin, mit meinen zahllosen Unvollkommenheiten. Aber ich will nach dem Mittel suchen, auf einem kleinen, ganz geraden Weg, einem ganz kurzen, einem kleinen, ganz neuen Weg in den Himmel zu kommen. Wir leben in einem Jahrhundert der Erfindungen. Jetzt ist es nicht mehr nötig, mühsam die Stufen einer Treppe hinaufzusteigen. Bei den Reichen ersetzt ein Aufzug die Treppe in vorteilhafter Weise. Ich möchte auch einen Aufzug entdecken, der mich zu Jesus empor trägt, denn ich bin zu klein, um die mühsame Treppe der Vollkommenheit emporzusteigen.“

Theresia will uns mit diesem Bild sagen: Wer immer und überall mit Jesu Nähe, Wegweisung und Hilfe rechnet, wer hinter allen großen und allen unscheinbaren Ereignissen seine Liebe und seinen Anruf entdeckt, der wird erleben, dass er getragen, gestärkt und geführt wird. Und so fand sie dann in der Heiligen Schrift eine wunderbare Antwort. „Ich habe mich also Gott genähert, da ich wohl ahnte, das gefunden zu haben, was ich suchte. Da ich noch wissen wollte, was er dem ganz Kleinen tun werde, setzte ich meine Forschungen fort; und dies habe ich gefunden: ‚Wie eine Mutter ihr Kind liebkost, so will ich euch trösten. An meiner Brust will ich euch tragen und auf meinen Knien euch wiegen.‘ (Jes 66,13)“.

Einen schöneren Vergleich kann man sich wohl nicht vorstellen. Gott nimmt uns in seine Arme und legt wie eine liebende Mutter seine Hände um uns, hält uns fest und tröstet uns und wir dürfen uns in diese Hände mit unserem gesamten Dasein hineinlegen. Ja, wir dürfen alles in Seine liebenden und bergenden Hände legen.

Wenn wir das von Theresia lernen können, wenn wir so glauben könnten, dass wir diesem Beispiel folgen, dann hätten wir ein solches Vertrauen in Gott, dass wir unser Leben in seinen liebenden und guten Händen gehalten wissen.

Ihm können wir getrost unser Leben anvertrauen, so wie es ist. Wir brauchen nichts daran zu manipulieren oder gar zu verschönen, damit es nach außen hin strahlen kann, sondern wir dürfen uns bei Gott so geben, wie wir tatsächlich sind: Mit allen unseren menschlichen Unzulänglichkeiten, mit unseren Fehlern und unseren Schwächen, mit all den Brüchen und allem Unvollkommenen. Er nimmt uns an, so wie wir sind. Etwas Schöneres und Beruhigenderes kann es doch für uns dann nicht geben, wenn wir unser Leben komplett in seine Hände legen und uns ihm bedingungslos und uneingeschränkt anvertrauen.

Rektor Karl Heinz Schnorbach

In die Arme Gottes fallen

Predigt in der Kathedrale „Notre Dame“ in Alençon am 24. Juni 2000

Der moderne Mensch ist selbstbewusst, stolz, überzeugt, dass er etwas kann, nicht nur etwas, alles will er erreichen: in Technik und Wissenschaft und Forschung ist er weit gekommen. Sogar auf dem Mond ist er gelandet, das Atom beherrscht er (oder auch nicht), Gentechnologie, Klonen mit dem Ziel: künstlich Menschen schaffen, er will den Tod verhindern und das Leben verlängern, oder einen Gnadentod erreichen (Euthanasie). Und dann steht er oft vor Riesenkatastrophen, selbst verursacht, selbst gemacht.

Und doch bleibt: Jedes Menschenleben hat auch seine Sorgen, Nöte, Unsicherheiten und Zweifel. Da braucht der Mensch etwas anderes als blindes Vertrauen in das menschliche Können. Der französische Dichter Charles Peguy (*1873, †1914) schrieb schon um die Jahrhundertwende: „Der Glaube, den ich am meisten liebe, spricht Gott, ist die Hoffnung.“
Was ist denn der Glaube anderes als Hoffnung und Vertrauen über die Welt und unser Leben hinaus?! Mit einem Beispiel darf ich das illustrieren:
Kardinal Suenens berichtet einmal von einer Feuersbrunst: Eltern und Kinder stürzten hinaus ins Freie und starrten entsetzt in die Flammen. Als sie merkten, dass der Jüngste fehlt, ist die Glut schon zu stark. Da steht der Kleine schon im oberen Stockwerk und schreit um Hilfe. Der Vater ruft ihm zu: „Spring!“ Das Kind sieht nur Rauch und Flammen, hört aber die Stimme des Vaters und ruft: „Vater, ich sehe dich nicht!“ Der Vater ruft zurück: „Ich sehe dich, das genügt, so spring!“ – Und das Kind sprang und fand sich heil und gesund in den Armen des Vaters, der es auffing.

Genau das ist, wenn man so sagen darf, der springende Punkt für unseren Glauben: Vertrauen und Hoffen auf das Wort Gottes hin. Sprechen nicht viele, selbst unter uns Christen heute: Ich sehe dich nicht, Gott. Ich sehe gar nichts. Lassen wir uns nicht blenden vom Glanz der Welttheorien, einhüllen in den Nebel des Vergänglichen, einsperren in das brennende und zerberstende Haus unserer vermeintlichen Selbstständigkeit!
Ich sehe dich nicht, Gott. Steht Christus nicht auch in solch letzter Not und Qual? Macht er nicht menschliches Schicksal durch bis in die letzte Verlassenheit, Verzweiflung? Sein Wort, sein Aufschrei: Mein Gott, mein Gott, warum hast du mich verlassen? Aber es ist nicht Verzweiflung? Nein, ein mutiges Vertrauen: „Vater, in deine Hände lege ich meinen Geist." Im Brevier beten wir täglich in der Komplet: „Herr, ich vertraue auf dich, in deine Hände lege ich mein Leben."
„Ich sehe dich nicht, Gott." So steht auch die kleine Heilige Theresia in dieser Not und Gottverlassenheit in ihrer schweren Krankheit bis zum bitteren Sterben. Betrachten wir einige ihrer Worte, die die ganze Not ihrer Seele ausdrücken: Unendlich viele körperliche Leiden muss sie durchmachen (Tuberkulose), aber schwerer lastet das Seelische. Sie spricht von einer Mauer, die bis zum Himmel reicht. Finsternis umgibt sie. „Jesus ließ es zu, dass meine Seele von undurchdringlicher Finsternis erfüllt wurde und dass der mir so liebe Gedanke an den Himmel nur noch Gegenstand der Verzweiflung und Qual für mich war." Man muss durch diesen düsteren Tunnel gewandert sein um zu begreifen, wie furchtbar das Dunkel dort ist. Sie spricht von tiefer Nacht, der Nacht des Nichts. Aber etwas kann diesem armen Kind keiner nehmen: die Hoffnung. Sie schreibt: „Die richtigen, die großen Heiligen hätten alle irgendwelche Wahnsinnstaten begangen. Mein Wahnsinn besteht darin, zu hoffen."
Ihr Bräutigam ist nicht ein Bräutigam, der sie zu Festen führt, sondern zum Kalvarienberg. So leidet sie mit und wie Christus.

Während all dieser 200 Tage ihrer Krankheit hält sie die Augen auf Christus gerichtet. Ihr Kruzifix verlässt sie nicht. Sie küsst es oft, und zwar das Gesicht und nicht die Füße, wie es sonst Brauch ist.
„Unser Herr ist in Todesängsten am Kreuz gestorben, und doch war es der schönste Liebestod.“ Sie gesteht ein, dass sie sehr erschöpft ist, dass sie am Ende ist. „Aber es sind die Arme Gottes, in die ich falle.“ Sie schaut auf ihr Kruzifix: „Oh, ich liebe ihn! Mein Gott, ich liebe dich.“ Sie stirbt, die Augen geschlossen. Sie lächelt. Sie ist sehr schön und hat das Aussehen eines ganz jungen Mädchens.
Was gilt für uns? Einen anderen Weg gibt es nicht, als den Sprung des Glaubens zu wagen und ihn mit unserem Leben und Sterben zu besiegeln. Sagen wir es, zeigen wir es, künden wir es, dass wir glauben, dass wir hoffen, dass wir vertrauen. Nichts Besseres, um aus Zweifeln und Unsicherheiten heraus zu kommen. „Alles lege ich in Seine Hände.“

Dechant Klaus Leist

Ich möchte meinen Himmel damit verbringen, um auf Erden Gutes zu tun

Predigt zur Eröffnung der Theresienwallfahrt in der Kirche des Karmel in Lisieux am 22. Juni 2001

Wer in Lisieux am Sarkophag der hl. Theresia in der Karmelkirche oder unter der Kuppel der großen Basilika Ste. Thérèse steht, dem fällt direkt der französische Satz von ihr in die Augen: „Je veux passer mon ciel à faire du bien sur la terre." Zu deutsch: „Ich möchte meinen Himmel damit verbringen, um auf Erden Gutes zu tun." Mit dieser Aussage will Theresia wohl sagen, dass sie bei Gott, in Gottes Nähe, mit unserer menschlichen Sprache ausgedrückt, im Himmel, weiterhin das tun möchte, was sie hier auf Erden, als Kind, als Jugendliche und in den neun Jahren, in denen sie im Kloster der Karmelitinnen gelebt hat, schon getan hat: das Gute.

Theresia hat trotz der Klausur des Klosters gewusst, was in der Welt vor sich geht, und dass diese Welt, gleich welches Jahr man schreibt, keine heile Welt ist. Die Welt und die Menschen brauchen für ihr Zusammenleben das Gutsein, die Güte ihrer Mitmenschen. Wer nur ein klein wenig ihre Biografie, ihre Lebensgeschichte kennt, der weiß, dass es für sie nicht immer einfach gewesen ist, diese Güte zu leben oder an andere zu verschenken. Manch eine Mitschwester hat ihr das Leben nicht nur schwer, sondern regelrecht zur Hölle gemacht. Von ihrer Oberin wurde sie zeitweise gar nicht ernst genommen und auf unwürdige Art und Weise schikaniert. Dennoch hat sie nicht den Mut verloren, sondern hat in einer lebendigen Beziehung zu Jesus ihren Weg gesucht. Und sie hat ihn gefunden, aber nicht durch großartige Leistungen, nicht wissenschaftlich ausgelotet, nicht kompliziert, sondern in aller Schlichtheit und Einfachheit: ihren kleinen Weg der Liebe und der Güte, den sie uns gleichzeitig vorgelebt hat und den sie uns und alle Menschen guten Willens lehren will.

Theresia ist es nicht anders ergangen, als es uns Menschen heute ergeht. Sie war genauso menschlichen Schwachheiten ausgesetzt und menschlichen Unzulänglichkeiten unterworfen wie wir. Ihr Alltag mit Arbeit und Mühen, Sorgen und Ärger hat sich wohl nicht wesentlich von unserem unterschieden. Ihre selbstbiografischen Schriften sind wahre Fundgruben ihrer Alltagserfahrungen. So beschreibt sie sehr anschaulich aus dem Karmel: „Lange Zeit hatte ich bei der Abendbetrachtung meinen Platz vor einer Schwester, die die seltsame Angewohnheit besaß und ich denke ... viele Erleuchtungen hatte, denn sie bediente sich selten eines Buches. Ich bemerkte es an folgendem: Sobald diese Schwester da war, begann sie, ein seltsames kleines Geräusch zu erzeugen, ungefähr so, als würden zwei Muscheln aneinander gerieben. Ich allein nahm es wahr, denn ich habe ein äußerst feines Gehör (ein wenig zu fein manchmal). Ich kann Ihnen gar nicht sagen, meine Mutter, wie sehr mich dieses kleine Geräusch ermüdete: am liebsten hätte ich mich umgedreht und die Schuldige angeblickt, die sich natürlich ihres Tricks nicht bewusst war; das war das einzige Mittel sie darauf hinzuweisen; doch im Grunde des Herzens fühlte ich, dass es besser sei, die Sache geduldig zu ertragen aus Liebe zum Lieben Gott und um die Schwester nicht zu kränken. Ich verhielt mich also ruhig, versuchte mich dem Lieben Gott zu vereinen, das kleine Geräusch zu vergessen ... alles war vergeblich, ich fühlte mich in Schweiß gebadet und war genötigt, einfach ein Leidensgebet zu machen, aber während ich litt, forschte ich nach einem Mittel, es nicht gereizt zu tun, sondern in Freudigkeit und Frieden, wenigstens im Innersten meiner Seele. So versuchte ich dieses gar so unangenehme kleine Geräusch zu lieben; statt danach zu trachten, es nicht zu hören (ein Ding der Unmöglichkeit), bemühte ich mich, ihm aufmerksam zu lauschen, als wäre es ein entzückendes Konzert, und mein ganzes Gebet (es war nicht jenes der Ruhe) bestand darin, dieses Konzert Jesus darzubringen."

Ihr Herz war von einer Güte beseelt, die ihren Ursprung in der Liebe zu Gott hat. Theresia hat in der Tat in ihrem Leben die Erfahrung gemacht, dass sie mit ihrer Liebe und ihrem Gutsein mehr erreicht und bewirkt als mit Diskussionen oder gut gemeinten Ratschlägen. Die Orte und Stätten dieser kleinen Heiligen in Lisieux können uns vieles davon erzählen, wie sie auf ihrem kleinen Weg das Gesicht der Welt um sich herum zum Positiven verändert hat. Selbst wenn sie auch einmal zu Gott gebetet hat: „Am Abend dieses Lebens werde ich mit leeren Händen vor dir erscheinen." So war doch ihr Herz erfüllt von Güte und Liebe. Theresia hat sicher nichts in den Händen mitgenommen, weil sie hier auf Erden schon alles verschenkt hat und von dieser Sehnsucht geradezu begeistert war, im Himmel Gutes zu tun für die Menschen auf der Erde.
Und damit sind wir gemeint. Sie will es für uns tun, für unsere Sorgen und unsere Anliegen. Ihre Mission ist weitergegangen und vollzieht sich bis in diese Stunde hinein an uns. Himmel und Erde verbinden sich quasi mit einer Brücke, die die hl. Theresia schlägt: Es ist die Brücke der Liebe, erbaut mit lebendigen Steinen der Frohen Botschaft, fundamentiert und zementiert mit einer unvergleichlichen Güte, getragen und gehalten im Vertrauen auf den barmherzigen und guten Gott. Und das war ihr Leben: Allein die Liebe zählt, die von Gott ausgeht und die Gott den Menschen ins Herz gelegt hat. Sonst nichts! Und das ist ein Wert, der durch nichts und niemanden übertroffen werden kann. Aber wir müssen auf der Hut sein, dass wir dieses hohe Gut der Liebe und der Güte nicht aus unseren Händen geben, sondern es bewahren und behüten wie einen wertvollen und kostbaren Schatz.
Möge folgende Geschichte dies für uns Menschen von heute unterstreichen. Sie heißt „Jeder Tag ist ein kostbarer Schatz":

Eine persische Sage erzählt von einem Mann, der am Strand des Meeres entlang geht und ein Säckchen voll kleiner Steine findet. Achtlos lässt er die Steine durch seine Finger gleiten und schaut dabei auf das Meer. Er beobachtet die zahlreichen Möwen, die auf den Wellen schaukeln, und wirft übermütig mit Steinchen nach den Vögeln. Spielerisch schleudert er die kleinen Dinger ins Meer, und eins nach dem anderen versinkt in den Wogen. Einen einzigen Stein behält er in der Hand und nimmt ihn mit nach Hause. – Groß wird sein Schrecken, als er beim Schein des Herdfeuers in dem unscheinbaren Stein einen herrlich funkelnden Diamanten erblickt. Wie gedankenlos hat er den ungeheuren Schatz verschleudert. Er eilt zum Strand zurück, die verlorenen Diamanten zu suchen. Doch vergebens, sie liegen unerreichbar auf dem Meeresgrund verborgen. Keine Selbstanklage und Reue, keine Tränen und Vorwürfe können ihm den achtlos weggeworfenen Schatz zurückgeben.

Vielleicht kann uns das Leben der hl. Theresia von Lisieux dazu verhelfen, dass wir ein wenig von diesem Schatz, von dieser Güte und Liebe verstehen, dass wir hier auf Erden schon ein kleines Stückchen Himmel schaffen, wenn wir den Wert erkennen, der uns zum wahren Menschsein führt, und wir Gutes tun und die Liebe leben.

Rektor Karl Heinz Schnorbach

Sie kann es nicht lassen zu lieben

Predigt in der Kathedrale St. Pierre in Lisieux am 26. Juni 2001

Manchmal sagt man über einen Menschen: „Der kann das einfach nicht lassen." Meist gedacht im Negativen: lügen, stehlen. Nach dem Motto: „Die Katze lässt das Mausen nicht." oder „Wer einmal lügt, dem glaubt man nicht ..."

Von der hl. Theresia möchte ich auch sagen: Sie kann es einfach nicht lassen! Natürlich spreche ich nicht vom Negativen, Schlechten, von Lastern, Untugenden und Sünden, sondern in einem anderen Sinn, den ich groß herausstellen möchte: Sie kann es nicht lassen zu lieben!

Selbst hat sie viel Liebe erfahren: in ihrer Familie als Jüngste, das Nesthäkchen, behütet und betreut. Und dann ab 15 Jahren im Konvent der Schwestern im Karmel. Früh spürt und erlebt sie die Liebe Christi. Ihre Sorge: Jesus will sie Freude machen und es ist ihr Wunsch, Sünder zu retten.

Als Kind erhielt sie einen Beweis. Sie erfuhr von dem Schwerverbrecher Henri Pranzini. Zum Tod verurteilt, aber sich nicht bekehren wollend, will Theresia ihn vor der Verdammnis retten. Sie betet, lässt heilige Messen lesen. Pranzini weist bis zum Tag der Hinrichtung den Priester zurück. In letzter Minute ergreift er das Kreuz und küsst es drei Mal, dann stirbt er. Theresia hat das erbetene Zeichen erhalten. Trotzdem glaubt sie unbeirrt an ihre Sendung der Liebe Christi. Sie erkennt: „Meine Berufung ist die Liebe!" So sagt und schreibt sie: „Ich bereue es nicht, mich der Liebe ausgeliefert zu haben. Nein, ich bereue es nicht. Im Gegenteil: ich liebe Gott so sehr, dass ich ihm gerne mit meiner Liebe und mit meinen kleinen Opfern Freude machen möchte. Ich bin kein Egoist. Nein, nicht mein Ich, sondern Gott ist es, den ich liebe. Mein Gott, du weißt: nie habe ich nach etwas anderem verlangt, als dich zu lieben. Keine andere Ehre erstrebe ich."

Gott liebt sie und die Menschen, besonders jene, die seiner Barmherzigkeit am meisten bedürfen, wie es im Fatimagebet heißt. Sünder, Arme, Notleidende, Missionare und besonders die Priester, die trotz erhabener Würde schwache und gebrechliche Menschen bleiben. Ihre im Karmel zu erfüllende Aufgabe fasst sie in ihrem Professexamen am 2. September 1890 zusammen: „Ich bin hierher gekommen, um Seelen zu retten und ganz besonders um für die Priester zu beten!" Sie fühlt in sich die Berufung zum Krieger, Priester, zum Apostel, Kirchenlehrer, ja sogar zum Märtyrer. Aber sie ist ganz unglücklich, weil eine kleine Karmelitin niemals solch große Taten vollbringen kann. Und dann findet sie im Ersten Korintherbrief (1 Kor 13,4–8a) die Lösung: Von den vollkommensten Gaben, die nichts sind ohne die Liebe. Sie erkennt: „Ich begreife, dass die Kirche ein Herz hat und dass dieses Herz von Liebe brennt. Ich erkannte, dass die Liebe allein Glieder der Kirche in Tätigkeit setzt und würde die Liebe erlöschen, so würden die Apostel das Evangelium nicht mehr verkünden, die Märtyrer sich weigern, ihr Blut zu vergießen. Ich begriff, dass die Liebe alle Berufungen in sich schließt, dass die Liebe alles ist. Da rief ich im Übermaß meiner Freude: O Jesus, meine Liebe, endlich habe ich meine Berufung gefunden, meine Berufung ist die Liebe. Ja, ich habe meinen Platz in der Kirche gefunden. Im Herzen der Kirche, meiner Mutter, werde ich die Liebe sein, so werde ich alles sein."

Da drängen sich dem modernen Menschen Fragen auf. War Theresias kraftvolle Liebe in der Enge des Karmels nicht verschwendet? Sie hätte sozial aktiv werden müssen, viele Menschen mitreißend, Kirche und Gesellschaft verändernd. Stellvertretende Liebe hinter Klostermauern, geistige Solidarität mit den Nöten der Weltleute, Beten im

Namen derer, die keine Zeit dafür haben. Das Leben in Gottes Nähe, das hat reale, Welt verändernde Wirkung. Wer so geprägt ist, so ganz daraus lebt, kann gar nicht anders. So sage ich: Theresia kann es nicht lassen, sie will weiter lieben!

Wie ist unsere Vorstellung vom Himmel? Ruheplätzchen? Halleluja singen? Am Ende ihres Lebens sagt man zu Theresia: „Sie werden vom Himmel aus zu uns herunterschauen, nicht wahr?" Darauf antwortet sie spontan: „Nein, ich werde herunterkommen. Wie unglücklich wäre ich im Himmel, dürfte ich denen, die ich liebe, nicht kleine Freuden machen! Gott gäbe mir nicht diesen Wunsch, nach meinem Tod auf Erden Gutes zu tun, wollte er ihn nicht verwirklichen. Sonst hätte er mir vielmehr das Verlangen gegeben, mich in ihm auszuruhen. Wie viele Gnadengaben werde ich für euch erbitten, wenn ich im Himmel bin. Ach, ich werde Gott so plagen, dass meine Aufdringlichkeit ihn zwingen würde, meine Wünsche zu erfüllen. Im Himmel muss Gott meine Wünsche erfüllen, weil ich auf Erden nie meinen Willen getan habe. Wenn Gott meine Wünsche erhört, wird sich mein Himmel bis zum Ende der Welt auf Erden vereinigen. Ja, ich will meinen Himmel damit verbringen, auf Erden Gutes zu tun."

Und noch ein Satz, der oft zitiert wurde und der viele gläubige Verehrer der hl. Theresia mit Mut und Freude erfüllt: „Nach meinem Tod werde ich einen Rosenregen auf die Erde fallen lassen." Was für eine edle Blume ist doch die Rose. Form und Gestalt, Farbe und Duft. Welch großartiges Versprechen der Theresia: Rosen zu schicken, das heißt Rosen gleich Segen Gottes, den sie erbittet und erwirkt.

Keine Rose ohne Dornen – ihr Leben herrlich, schön, wertvoll, wie eine Rosenblüte. Aber Theresia weiß auch: Rosen sind gespickt mit Dornen. In ihrem Leben so viel

Leid und Krankheit. Was sie erlitten hat, sind Dornen; lässt sie nun Rosenregen auf uns kommen, müssen wir dann aber nicht auch mit Dornen rechnen?

Dechant Klaus Leist

Meine Berufung ist die Liebe

Predigt zur Eröffnung der Theresienwallfahrt in der Kirche des Karmel in Lisieux am 29. Juni 2002

Kommt uns das Verhalten Jesu Petrus gegenüber nicht seltsam vor? Ist es doch nicht üblich, jemanden gleich dreimal hintereinander nach seiner Liebe zu fragen, wenn sie beim ersten Mal schon positiv und bejahend beantwortet wurde. Wird man da nicht verunsichert, wenn man die gleiche Frage mehrmals von der ein und derselben Person zum gleichen Thema gestellt bekommt? Und ist eine solche Frage überhaupt eine wesentliche Frage für das Leben, für die Beziehung zwischen zwei Menschen und auch für die Beziehung zwischen Gott, Jesus Christus und einem Menschen?

Jesus will natürlich mit dieser dreimaligen Frage Petrus auf seine dreimalige Verleugnung hinweisen, die er nur kurz vorher von sich gegeben hat. Petrus bleibt trotz dieses Fehltritts beim Hahnenschrei am Tor des hohepriesterlichen Palastes und trotz Hinterfragung bei seiner Liebeserklärung an den Herrn: „Herr, du weißt alles; du weißt auch, dass ich dich lieb habe." Und dann erst beauftragt Jesus ihn für seinen Hirtendienst und sagt ihm: „Folge mir nach!"

In diesem Dialog Jesu mit seinem Petrus wird deutlich, dass es keine Berufung und keine Nachfolge zum Nulltarif gibt, sondern dass wir, wenn wir Jesus tatsächlich nachfolgen wollen, uns mit unserer ganzen Person und unserem Leben einbringen müssen. Und ich glaube, das ist auch gut so. Jesus braucht keine Nachfolger, mit denen er ständig Grundsatzdiskussionen führen, mit denen er über Strukturen oder Zuständigkeitsbereiche verhandeln muss, sondern Jesus braucht Menschen, die Zeugnis von ihm geben. Und Zeugnis geben von der jesuanischen Botschaft können nur solche Menschen, die sich von ihm

ansprechen lassen, die fasziniert sind von ihm und von dem, was er getan und vorgelebt hat. Jesus wirklich nachfolgen können nur solche Menschen, die von ihm und seiner Botschaft überzeugt sind, die sich senden lassen als gläubige Mütter und Väter, als Männer und Frauen, die in der Gesellschaft, an ihren Arbeits- und Freizeitstätten, in ihren Familien- und Freundeskreisen, seine Botschaft in Wort und in Tat umsetzen. Ja, Jesus ist auf uns Menschen angewiesen, er braucht Menschen, die auf seine Frage antworten: „Herr, du weißt alles; du weißt auch, dass ich dich lieb habe."
Die großen Apostelfürsten Petrus und Paulus, deren Fest wir heute an dieser Stätte feiern, haben mit ihrer je eigenen Biografie, Berufung sowie mit ihrer je eigenen Christusbegegnung und Christuserfahrung diese Frage beantwortet und sogar mit ihrem Leben bezahlt.

Wir stehen heute hier an einem Ort, an dem auch einmal jemand ganz präzise auf die Frage Jesu „Liebst du mich?" geantwortet hat: Theresia. Diese Nachfolge Jesu als Karmelitin hat Theresia wohl schon als sehr junger Mensch – unter nicht gerade einfachen Umständen und Bedingungen – angetreten. Es ist auch keine einfache Nachfolge, keine einfache Sendung gewesen, denn sie musste lange lange Zeit durch Glaubensnächte, Zweifel und Demütigungen wandern und diese Wüste, diese Trockenheit aushalten. Dennoch ist sie von dieser einmal eingegangenen Liebesbeziehung so überzeugt gewesen, dass sie darin ihre Berufung gefunden hat: ihre Berufung war die Liebe. So schrieb sie am 8. September 1896 an ihre Schwester Marie du Sacré-Coeur:
„Endlich hatte ich Ruhe gefunden. Den mystischen Leib der Kirche betrachtend, hatte ich mich in keinem der vom hl. Paulus geschilderten Glieder wiedererkannt, oder vielmehr, ich wollte mich in allen wiedererkennen. Die Liebe gab mir den Schlüssel meiner Berufung. Ich begriff, dass wenn die Kirche einen aus verschiedenen Gliedern bestehenden Leib hat, ihr auch das notwendigste, das edelste

von allen nicht fehlt; ich begriff, dass die Kirche ein Herz hat, und dass dieses Herz von Liebe brennt. Ich erkannte, dass die Liebe allein die Glieder der Kirche in Tätigkeit setzt, und würde die Liebe erlöschen, so würden die Apostel das Evangelium nicht mehr verkünden, die Martyrer sich weigern, ihr Blut zu vergießen ... Ich begriff, dass die Liebe alle Berufungen in sich schließt, dass die Liebe alles ist, dass sie alle Zeiten und Orte umspannt ... Mit einem Wort, dass sie ewig ist! Da rief ich im Übermaß meiner überschäumenden Freude: O, Jesus, meine Liebe ... endlich habe ich meine Berufung gefunden, meine Berufung ist die Liebe!"

„Meine Berufung ist die Liebe!“ – ein ergreifendes Wort der kleinen Heiligen von Lisieux. Sie hat es nicht nur ausgesprochen und darüber nachgedacht, sie hat es uns auch auf ebenso wunderbare Weise vorgelebt. Passt nicht auch der schöne Satz der hl. Karmelitin Edith Stein auch auf Theresia, wenn sie für sich feststellt: „Wer zum Karmel berufen ist, ist gerufen in ein Amt, nämlich das, der stellvertretenden Hingabe und Sühne und des fürbittenden Gebetes für die anderen, letztlich für die ganze Kirche.“
Und Theresia wäre nicht Theresia, wenn sie uns an diesem Tag und hier an ihrem Ort nicht auch selber sagen wollte, dass ihr Leben gelungen ist, weil sie sich auf diese Liebesgeschichte mit ihrem Gott eingelassen und vor allem in dieser Liebesgeschichte ihr Lebensglück, wenngleich es auch früh beendet wurde, gefunden hat. Auf dem Totenbett waren ihre letzten Worte: „Oh, ich liebe dich, mein Gott, ich liebe dich.“ Und sie drückte dabei das Kreuz an ihr Herz. Ihre Berufung war tatsächlich die Liebe und nur die Liebe.

Und wie antworten wir auf die Frage Jesu? Wie würden wir jetzt Jesus antworten, wenn er uns mit unserem Namen ansprechen, uns zur Seite nehmen und fragen würde: „Liebst du mich?“ Wie oft er uns wohl fragen müsste bis zu unserer Antwort?

Lassen wir uns in dieser Stunde und in den kommenden Tagen vom Leben und der Botschaft der hl. Theresia anstecken, denn dann werden wir mit dem Wesentlichen unseres Lebens konfrontiert. Theresia führt uns nämlich auf die Spuren dieses unendlich großen Gottes des Lebens und der Liebe. Und da haben wir den Menschen etwas voraus, die sich diesem Geheimnis verschließen, die in ihrem Leben das Entscheidende verpassen und es sich entgehen lassen und die auch nie eine Ahnung davon bekommen, was uns gläubigen Menschen, uns getauften Christen, geschenkt ist.
So können wir alle, gleich ob Frauen oder Männer, gleich welchen Berufsstand oder welche Aufgabe wir wahrnehmen, auf die Frage Jesu antworten. Und wenn wir so antworten, wie Petrus und Paulus oder Theresia es getan haben, dann sind wir Christen von solch einem Profil, deren Berufung auch die Liebe ist. Und darauf kommt es in unserem Leben an. Mag uns folgende kleine Geschichte zeigen, dass die Frage nach dem Wesentlichen in unserem Leben tatsächlich das Wesentliche ist und Theresia diese Frage für sich beantwortet hat.

Ein altes Märchen erzählt, wie ein junger, wissbegieriger König die Gelehrten seines Landes beauftragte, für ihn alles Wissenswerte der Welt aufzuschreiben. Sie machten sich bald an die Arbeit. Nach vierzig Jahren legten sie das Ergebnis in tausend Bänden vor. Der König, der inzwischen schon sechzig Jahre als geworden war, sagte: „Tausend Bücher kann ich nicht mehr lesen. Kürzt alles auf das Wesentliche.“ Nach zehn Jahren hatten die Gelehrten den Inhalt der Geschichte der Menschheit in hundert Bänden zusammengefasst. Der König sagte: „Das ist noch zuviel. Ich bin schon siebzig Jahre alt. Schreibt nur das Wesentliche!“
Die Gelehrten machten sich erneut an die Arbeit und fassten das Wichtigste in einem einzigen Buch zusammen. Sie kamen damit, als der König schon im Sterben lag. Dieser wollte wenigstens noch das Wesentlichste aus der

Arbeit der Gelehrten erfahren. Da fasste der Vorsitzende der Gelehrtenkommission das Wesentlichste der Geschichte der Menschheit in einem einzigen Satz zusammen: „Sie lebten, sie litten, sie starben. Und was zählt und überlebt, ist die Liebe.“

„Sie lebten, sie litten, sie starben. Und was zählt und überlebt, ist die Liebe.“

Bischof Dr. Felix Genn

Liebe, die keine andere Grenze als Jesus hat

Predigt zur Theresienfeier in der Pfarrkirche St. Jakobus d.Ä. in Kutzhof am 6. Oktober 2002

„Jesus, ich bitte Dich nur um den Frieden und um die Liebe, die unendliche Liebe, die keine andere Grenze hat als Dich.“

Diese Worte unserer Heiligen, die wir hier in der Pfarrkirche St. Jakobus in besonderer Weise verehren, der hl. Theresia vom Kinde Jesus und vom heiligen Antlitz, wie sie sich selber nannte, stehen als Leitwort über dieser Feier, die wie jedes Jahr viele Menschen an diesem ersten Oktobersonntag nach Kutzhof führt: Um den Frieden und um die unendliche Liebe zu bitten – ist damit nicht alles gesagt, was an einzelnen Wünschen, Sorgen und Anliegen in unseren Herzen lebt? Was brauchen wir eigentlich mehr? Was nützt die beste Gesundheit, von der viele sagen, sie sei die Hauptsache, wenn Unfriede herrscht? Was nützt das blühende, von Kraft strotzende Leben eines Menschen, wenn er nicht geliebt ist? Wird er sich nicht noch mehr anstrengen müssen, um wenigstens ein Stück Liebe erhaschen zu können? Kürzlich las ich die erschütternde Notiz eines jugendlichen Selbstmörders, der als letzte Nachricht die Worte hinterlassen hatte: „Ich habe alles, was das Leben bietet. Es genügt mir nicht.“

Um den Frieden zu beten, das legt sich angesichts der politischen Diskussionen der letzten Wochen wieder nahe. Aus der Distanz des Fernsehzuschauers lassen sich leicht die schrecklichen Bilder aufnehmen, die uns immer wieder aus Palästina und aus anderen Krisengebieten unserer Erde vorgeführt werden. Aber in diesem Bild einmal drinnen zu sein und dann nicht mehr im Bild, sondern in der Wirklichkeit zu stehen, das möchte doch wohl keiner von uns. Wir haben in den letzten Wochen von verschiedenen Standpunkten her die Diskussion verfolgt oder uns sogar daran beteiligt, was ein Angriff auf den Irak bedeutet. Sind die Folgen vielleicht schrecklicher als das, was man zu bekämpfen sucht? Wer weiß, wie es uns ergeht, wenn der Irak tatsächlich weiter aufrüstet? Unser Leben ist gefährdet. Friede ist nicht ein Zustand, der selbstverständlich immer gegeben ist. Friede ist eine Kostbarkeit, die sehr sensibel und deshalb sehr zerbrechlich ist. Um für den Frieden zu beten, das ist ein Anliegen, das weit über das persönliche Herz hinausgreift und alle Dimensionen unserer Welt umfasst.

Und doch: Was ist ein Friede in dieser Welt, wenn das Herz unruhig bleibt, wenn der Mensch alles hat, was die Erde bieten kann, dies alles ihm aber nicht genügt? Sind Sie zufrieden? Haben Sie Frieden mit Ihrer Familie, mit Ihren Nachbarn, in Ihrem Dorf, in Ihrem Herzen?

Der Friede ist deshalb gefährdet, weil Menschen dem Drang, andere zu erobern und für sich selbst mehr Macht zu erlangen, nachgeben können. So entsteht Krieg. Man glaubt sich zurückgesetzt, im Unrecht, schlecht behandelt, und man möchte das vergelten, Rache üben. Also fängt das, was sich auf der großen politischen Bühne abspielt, in meinem Herzen an! Wann kann ich wirklich Frieden erlangen? Es gibt doch bei jedem von uns das Gefühl, zurückgesetzt zu sein, weniger wert, dem anderen unterlegen zu sein, nicht das zu erlangen, was man sich erhofft hat und – wie sehr ließen sich die Beispiele vermehren!

Die hl. Theresia hat in ihrem Leben die Unruhe des Herzens gekannt. Es gibt die berühmte Geschichte aus ihrer Kindheit: Als sie am Weihnachtstag 1886 aus der Christmette nach Hause kam, war sie beleidigt über ein Wort ihres Vaters. Er meinte, das sei wohl das letzte Weihnachtsfest, an dem man sie wie ein kleines Kind mit kindlichen Gaben beschenkt und sie so behandele, als würde sie nicht weiter wachsen. Diese Worte haben sie sehr getroffen. Ausgerechnet am Weihnachtstag fand sie keinen Frieden, war beleidigt, fühlte sich zurückgesetzt. Sie wollte lieber Kind bleiben. Wie eine Gnade hat sie es erfahren, in einer inneren Seelenstärke diesen kindlichen Schmerz zu überwinden und diese Situation als Augenblick zu erkennen, der sie ins Erwachsenenalter hinüberführt. Was für unsere Ohren wie ein normaler kindlicher Vorgang – nicht besonders bemerkenswert – erscheint, ist für Theresia ein Zeichen, dass Jesus sie führt. Wenn wir heute das Wort bedenken: „Jesus, ich bitte Dich um den Frieden“, dann haben wir bei Theresia die Antwort auf die Frage, wie wir zum Frieden finden. Was ist denn an diesem Weihnachtsabend passiert? Die Bemerkung des Vaters hat Theresia verletzt. Sie hätte sich darauf völlig fixieren können, die Freuden des Weihnachtsfestes wären bereits in dieser Nacht vorbei gewesen. Sie spürt aber in sich eine größere Kraft, die von dem herkommt, den sie in dieser Nacht als Retter und Heiland gefeiert hat. Sie stellt diesen ihren Jetzt-Punkt ihm gegenüber – und der Horizont weitet sich.

Ist das nicht auch eine Möglichkeit für uns, um Frieden zu finden? Wie oft fixieren wir uns auf unser Jetzt, beißen uns darin fest, verlieren den Überblick und die Sicht für alles das, was um uns herum ist. Stelle ich aber meinen Jetzt-Punkt in den größeren Horizont Gottes, freilich eines Gottes, der uns in Jesus als Menschgewordener entgegenkommt, werden neue Dimensionen sichtbar. Bleibe ich bei mir, kreise ich um mich. Stelle ich auch die kleinste Beschwernis in den größeren Horizont Gottes, eröffnen sich neue Perspektiven. Ich stoße nämlich an eine Liebe, die unendlich ist, und die nur ihre Grenze in sich hat.

Der zweite Teil unseres Leitwortes, das uns die hl. Theresia heute vorgibt, verdient Beachtung schon von der Formulierung her: Sie bittet um die unendliche Liebe, die

keine andere Grenze hat als Gott selbst. Deshalb hat sie keine Grenze; denn sie ist und bleibt unendlich. Sie ist in der Tat ein weiter Horizont, auf den ich zugehe, der sich aber immer von mir entfernt, oder anders gesagt, zu dem ich immer in demselben Abstand bleibe. Er weitet aber meinen Blick, führt mich in Unendlichkeit und zeigt mir, wie eng und begrenzt es bleibt, auf mich fixiert zu sein.
Sagen wir es noch etwas konkreter: Die unendliche Liebe, die keine andere Grenze als sich selbst hat, hat sich selbst diese Grenze gesetzt. Sie ist nämlich in Jesus Christus aus der Ewigkeit in die Zeit, aus der Unendlichkeit Gottes in unsere menschliche Beschränktheit hineingekommen. Der Horizont, auf den wir zuschreiten, entfernt sich nicht von mir, sondern bleibt in meiner Nähe, weil er ein Gesicht hat, das Gesicht eines liebenden Herrn. Dieser Gott ist Kind geworden und trägt ein heiliges Antlitz. Indem Theresia den Namen vom Kinde Jesu und vom heiligen Antlitz trägt, stellt sie ihr Leben genau in diesen Horizont: Es ist die Liebe, die ansichtig wurde in diesem Jesus von Nazareth, in diesem Kind gewordenen Gott. Wenn Gott so ist, wie er sich in Jesus zeigt, wenn Gott so ist, dass er sich in einem Menschen zeigt, dann will er uns Menschen unendlich lieben. Ja, er will uns genau an dem Punkt lieben und treffen, wo unser Herz nicht zur Ruhe kommt und kein Genügen findet. Er will unser Friede werden. Deshalb scheut er sich auch nicht, genau an die Stelle zu treten, wo wir unsere Sehnsucht nach Frieden zum Kampf und Krieg werden lassen, wo wir in unserer Sehnsucht nach Leben, nach Frieden, nach Glück zu den Waffen greifen, die lieber den Anderen niederstrecken, damit wir nicht unterlegen sind. Deshalb ist Gottes Sehnsucht, uns den Frieden zu schenken, ihm zu Sterben und Tod geworden.

Wir rühren hier nicht nur an das Geheimnis unseres Gottes, der das Siegel des Kreuzes trägt. Wir berühren hier auch das Geheimnis einer Seele, die in ihrem Durst, diesen Jesus ganz zu lieben, in diesen Kampf mit hineingenommen wird. Theresia hat nicht ein idyllisches Leben geführt, sondern ihr Eintritt in den Karmel wurde zu einem Kampf um den Frieden. Jahrelang fand sie ihn nicht, fühlte sich in der Dunkelheit, von Gott verlassen zu sein, in der Dürre, nichts mehr von dem Gott zu spüren, auf dessen Erbarmen sie so gesetzt hatte. Und dennoch ließ sie nicht von ihm ab; denn auf dem tiefsten Grund wurde sie gehalten und wusste, dass er da ist, auch wenn sie ihn nicht sieht, dass sie ihn lieben muss, auch wenn er für sie nicht mehr greifbar ist. Wir werden vielleicht in solche Dimensionen nicht hineingeführt, finden aber an diesem Leben mehr als ein Beispiel, nämlich den Horizont unseres Glaubens: Auch in der Gottesferne ist der Horizont seiner Liebe nicht verschwunden. Auch wenn die Wolken den Himmel bedecken, ist die Sonne dieser Liebe da. Es reicht nicht, den Jetzt-Punkt einer Gottesferne als das Letzte anzusehen. Der Christ weigert sich, nicht zu hoffen.

Aus diesem Grund hat die Kirche für das Gedenken der hl. Theresia den Text aus dem Buch des Propheten Jesaja ausgewählt. Die Menschen werden aufgefordert, sich zu laben an dem mütterlichen Reichtum der Stadt Jerusalem, weil Gott der Herr den Frieden zu ihr geleitet hat wie einen Strom. Es ist für uns Christen der Aufruf, aus den Quellen des göttlichen Trostes zu schöpfen, die uns in der Kirche eröffnet werden. Sie stammen aus der geöffneten Seitenwunde des Erlösers. Weil er als unser Gott wahrer Mensch geworden ist, weil er alle Dimensionen des Menschseins durchschritten hat einschließlich der Gottesferne, deshalb ist seine Seitenwunde zu einer tröstenden Brust geworden, aus der die Quelle des Segens strömt. Wenn eine Mutter schon ihren Sohn zu trösten vermag, dann vermag es Gott, weil er in seinem Sohn Jesus Christus in die Trostlosigkeit hineingefallen ist. In Jerusalem, in der Kirche Trost zu finden, ist keine billige Ware, ist nicht ein oberflächliches Pflaster für unsere Wunden, sondern es ist die Quelle, die aus dem Leiden kommt, es ist die Quelle, die von dem ausgeht, der durch den Tod in das Leben gegangen ist. Auf diesen Gekreuzigten zu schauen, lässt das Herz Freude empfinden, lässt uns aufblühen wie frisches Gras. Die Hand des Herrn hat sich an uns offenbart, weil sie sich hat nageln lassen, weil sie sich nicht geschont hat, weil sie sich ausstreckte nach beiden Seiten zu allen Sündern hin und weil sie nicht davon abließ, für den Vater und sein Erbarmen offen zu bleiben, von ihm wider alle Hoffnung alles zu erhoffen. Oder was steckt anderes in dem Gebet des Herrn: „Vater, in Deine Hände befehle ich meinen Geist"?

Wenn wir heute von der hl. Theresia eingeladen sind, Jesus um den Frieden und um die unendliche Liebe zu bitten, die auch die Grenzen des Todes nicht zur letzten Grenze werden lässt, dann sind das wahrhaftig Rosen, dann ist das auf Erden schon ein Stück Duft des Himmels. Ich wünsche Ihnen von Herzen, dass Sie das Jetzt Ihres Lebens in den Horizont dieser Liebe stellen können und so Frieden erlangen und Hilfe zur rechten Zeit.

Dechant Klaus Leist

Ich bin in den Karmel gekommen, um die Seelen zu retten und vor allem, um für die Priester zu beten

Predigt zur Eröffnung der Theresienwallfahrt in der Kirche des Karmel in Lisieux am 19. Juli 2003

Der Boden, den wir unter unseren Füßen haben, ist ein besonderer Ort. Es ist karmelitischer Boden, ein Ort, der von besonderer Gottverbundenheit geprägt ist. Und jeder, der hier auf diesem Boden im Schatten der hl. Theresia steht, weiß und spürt dies.
Als sich am 9. April 1888 die Klosterpforte für Theresia auftat, weil sie hier als Karmeliterin eintreten wollte, um ihr Leben Gott zu weihen, da ließ sich diese kleine Theresia gerade erst einmal 15 Jahren auf ein Abenteuer mit Gott ein, dessen Ausgang sie wohl in keinster Weise auch nur annähernd erahnen konnte.

Ideale Vorstellungen begleiteten dieses junge Mädchen hinter diese Klostermauern und sehr bald wurden seine schönen und idealistischen Gedanken harte Realität und bittere Wirklichkeit und Theresia musste die Erfahrung machen, dass es auch im Kloster menschelte: Eine Oberin, die ihr harte Prüfungen auferlegte, Mitschwestern, die ihr übel zu schaffen machten und sie übelst schikanierten, ein Spiritual, der sie nicht für voll und ernst nahm. Im Kloster musste sie niedere Arbeiten verrichten, die sonst keiner erledigen wollte, und die ersten Monate waren eine solch unbarmherzige Schule, in der sie die Demut erlernen musste. Dies alles hätte Theresia nicht aushalten und bewältigen können, wenn Gott ihr nicht diese Berufung geschenkt hätte, als Karmelitin zu leben.
Ihre Berufung zeigte sich in ihrem missionarischen Eifer und sie ließ sich von nichts und auch von niemandem aus der Bahn werfen. In einzigartigen Worten schrieb sie in ihrer Selbstbiografie an Mutter Agnès de Jésus, die gleich-

zeitig ihre ältere Schwester Pauline war, über ihr klösterliches Leben:
„Dies Glück war kein vergängliches, es sollte sich nicht mit ‚den Illusionen der ersten Tage' verflüchtigen. Die Illusionen, der liebe Gott hat mir die Gnade gewährt, bei meinem Eintritt in den Karmel KEINE EINZIGE zu haben. Ich fand das Klosterleben so, wie ich es mir vorgestellt hatte; kein Opfer überraschte mich, und doch, Sie wissen es, geliebte Mutter, begegneten mir bei meinen ersten Schritten mehr Dornen als Rosen! ... Ja, das Leiden streckte seine Arme nach mir aus, und ich warf mich mit Liebe hinein ... Was ich im Karmel tun wollte, erklärte ich zu Füßen Jesu in der Opfergestalt der Hostie bei der Prüfung, die der Profess vorausging: ‚Ich bin gekommen, um Seelen zu retten und besonders um für die Priester zu beten.'" Das war die Sendung Theresias im Karmel – nicht mehr und auch nicht weniger!

Vor allem die Priester lagen ihr am Herzen. Sie erlebte hautnah während ihrer Romwallfahrt im November 1887, dass Priester auch nur Menschen sind und ihre Schätze in irdenen Gefäßen tragen. Sie sah mit an, wie sich zahlreiche Priester daneben benahmen und hat erkannt, dass sie für die Priester beten muss. Hierüber hat sie später in ihrer Selbstbiografie festgehalten: „Für die Sünder beten, das begeisterte mich, aber für die Priester beten, von denen ich meinte, sie seien reiner als Kristall, das fand ich verwunderlich. Ach, in Italien habe ich meine Berufung verstanden. Eine so nützliche Einsicht war die Reise wohl wert. Während eines Monats lebte ich mit vielen guten Priestern zusammen, und sah, wenn ihre hohe Würde sie auch über die Engel erhebt, dass sie dennoch schwache und gebrechliche Menschen bleiben. ... Das ist ja die Berufung des Karmel, denn unsere Gebete und Opfer haben zum einzigen Ziel, Apostel der Apostel zu sein, für sie zu beten, während sie durch ihr Wort und vor allem ihr Beispiel die Seelen für das Evangelium gewinnen ...". Mit zwei Missionaren stand sie in Briefkontakt, die sie in ihren persönlichen Gebeten begleitete und deren Dienst sie mitgetragen hat. Ihr Klosterleben war geprägt vom Gebet und Opfer, gerade und insbesondere für die Priester. Es ist für Theresia eine sehr schöne und sehr wichtige Aufgabe gewesen, die für die Kirche und die einzelnen Priester überaus fruchtbar ist. In ihrer Selbstbiografie bekennt sie: „Ich fühle in mir die Berufung zum Priester; mit welcher Liebe trüge ich dich, o Jesus, in meinen Händen, wenn auf mein Wort hin du vom Himmel herabstiegest … Mit welcher Liebe reichte ich dich den Seelen! … Jedoch, so sehr ich wünschte, Priester zu sein, so bewundere und beneide ich dennoch die Demut des hl. Franz von Assisi und spüre in mir die Berufung, ihn nachzuahmen, indem ich die erhabene Würde des Priestertums ausschlage."

Auch wir stehen heute Abend an diesem historischen Ort und wollen uns der Gebetsintention dieser großen Heiligen anschließen und in ihr Gebet mit einstimmen. Die Kirche, die Gläubigen haben zu allen Zeiten Priester und Ordensleute gebraucht, die Gottes Wort verkünden, die Heiligen Sakramente spenden und Menschen auf deren Lebenswegen begleiten. Gerade in unserer heutigen Zeit brauchen wir Priester, die in Freude und in Treue ihren Dienst versehen und Gottes befreiende Botschaft unter die Leute bringen. Allerdings erleben wir in unseren Gemeinden, dass uns Priester fehlen, dass Ordensfrauen und Ordensmänner nicht mehr an den Kranken- und Sterbebetten stehen und geistliches Leben in den Pfarrgemeinden dünn wird. Theresia hat offensiv gehandelt, sie hat nicht gejammert oder geklagt, sondern sie hat etwas getan: für Priester gebetet.
Und das ist angesichts der kirchenhistorischen Stunde, in der wir stehen, auch unsere Aufgabe: im Sinne der hl. Theresia mit ihr für die Priester zu beten. Das ist das einzige Instrument, das unseren Mangel beheben und die Priester fördern und unterstützen kann. Für Priester- und Ordensnachwuchs brauchen wir keine Strukturreformen,

keine gut aufgemachten Flyer oder auf teurem Papier gedruckte Werbeprospekte, wie wohl die unterstützend notwendig sind, sondern die Kirche braucht Beter, sie braucht Frauen und Männer, die ihre Hände ineinander legen und den Herrn der Ernte um Arbeiter für seinen Weinberg bitten. Zu allen Zeiten sind in der Kirche Priester und Ordensleute erbeten und eropfert worden. Darum ist es auch in unserer heutigen modernen Zeit das Gebot, unseren Mund zu öffnen und Gott um geistliche Berufe für die Botschaft des Lebens und unseres Heiles zu bitten. Es sind junge Frauen und Männer, deren Ohren und Herzen geöffnet werden müssen, dass sie Gottes Ruf hören; es sind Menschen, die als Jünger Jesu dieser geschundenen und geplagten Welt wieder einen menschlichen Atem und ein würdevolleres Gesicht geben sollen. Wir brauchen Priester und Ordensleute, die die Menschen von heute in ihrer Bequemlichkeit stören und ihnen das Heil und das wahre Leben verkünden.

Eine Legende erzählt: Als Christus zum Himmel aufgefahren war, fragten ihn die Engel, wie es denn nun mit seinem Reich auf der Erde weitergehen solle.
„Ich habe doch meine Jünger auf Erden“, antwortete Christus.
Aber die Engel sahen, wie unbedeutend, wie schwach und verzagt die Jünger waren, und fragten erschrocken: „Herr, hast du denn wirklich keinen anderen, keinen besseren Plan?“
Und Christus entgegnete: „Nein – einen anderen Plan habe ich nicht.“

Diese Geschichte will deutlich machen, welch eine Leidenschaft dieser Gott entwickelt, um uns Menschen zu werben, und was er uns zutraut, um seine befreiende Botschaft den Menschen zu verkünden. Da sind wir Christen alle mit unserem Glauben, unserem Herzen und unserem Menschsein gefragt. Denn die Menschen heute wollen keine Fachleute für Gottesfragen, sondern Menschen, die ihnen auf ihre Lebensfragen und Lebensängste solche Antworten geben können, die ihnen Perspektiven eröffnen, um ihr Leben in Ruhe und Ausgeglichenheit würdevoll zu gestalten; die Menschen von heute brauchen Antworten, die sie befreien und tragen.

Bitten wir an diesem Ort, an dem schon vor über hundert Jahren für die Priester gebetet und geopfert wurde, dass der Herr uns Priester und Ordensberufungen schenken möge; dass die Priester und Ordensleute ihre Berufung zum Lobe Gottes und zum Heil der Menschen leben und so Zeugnis geben von einem liebenden Gott. Bitten wir auf die Fürsprache der hl. Theresia, dass Gott junge Menschen in seine Nachfolge beruft, die glaubwürdig verkündigen, dass die Botschaft des Evangeliums tatsächlich Leben in Fülle verspricht und bitten wir die hl. Theresia vom Kinde Jesus, dass auch in unseren Gemeinden solche Berufungen wachsen und reifen.

Bischof Dr. Hermann Josef Spital

Alles ist Gnade

Predigt zur Theresienfeier in der Pfarrkirche St. Jakobus d. Ä. in Kutzhof am 5. Oktober 2003

Ich begrüße Sie alle recht herzlich, die sie sich hier eingefunden haben im Gedenken an die hl. Theresia von Lisieux. Ich freue mich, dass ich Ihnen zu diesem Anlass die Predigt halten darf. Das Gebet um gute und genügend viele Priester war schon hier auf der Erde ihr großes Anliegen; wir dürfen zuversichtlich davon ausgehen, dass sie auch durch ihre Fürbitte im Himmel dieses unser Anliegen stützt.

Lassen Sie mich mit einer persönlichen Erfahrung beginnen. Ich war vor zwei Jahren in der ehemaligen DDR, nämlich in Helfta. Dort hat es im 13. Jahrhundert ein Kloster gegeben, in welchem die drei bekanntesten mystisch begabten Frauen der deutschen Kirche gelebt haben. Ich meine die hl. Mechtild die Große, die hl. Mechtild von Magdeburg und die hl. Gertrud von Helfta, die man auch die Große genannt hat. Diese drei Frauen haben einander gekannt, haben miteinander im Gespräch gestanden und haben den Konvent dieses Zisterzienserinnen-Klosters geprägt. Sie sind ein Geschenk Gottes an unsere Kirche, ähnlich wie Theresia von Lisieux.

In Helfta ist etwas sehr Bemerkenswertes passiert. Nach der politischen Wende zu Beginn der neunziger Jahre hat der Bischof von Magdeburg den Mut gehabt, die alten Klostergebäude zu erwerben und dort wieder einen Schwestern-Konvent anzusiedeln, den er in Schlesien gefunden hatte.

Dieses Wagnis hat sich gelohnt. Für die Menschen in diesem praktisch glaubenslosen Land sind die Schwestern ein Phänomen. Die Menschen kommen an den Wochenenden dorthin, einfach um sich das anzuschauen und auch einmal an einer Vesper teilzunehmen. Man spricht wieder über die heiligen Mystikerinnen aus dem ausgehenden Mittelalter. Sie sind auf einmal nicht mehr nur Vergangenheit, sondern kommen uns nahe in ihrem Glauben und in ihrem lebendigen Zeugnis; denn das alles vermitteln die Schwestern, die der Bischof dort neu angesiedelt hat.

Ich habe seitdem mit manchen Menschen gesprochen, die auch dort gewesen sind und den ganzen Vorgang genauso empfinden wie ich, nämlich als ein kleines Wunder. Wieso ist so etwas möglich, ausgerechnet in der glaubenslosen Landschaft der ehemaligen DDR?

Meiner Überzeugung nach ist das gerade wegen der Glaubenslosigkeit möglich. Denn viele Menschen beginnen, unter der Sinnlosigkeit ihres Lebens und unter ihrer Orientierungslosigkeit zu leiden. Sie haben es einfach satt, sich vom Fernsehen und von den Medien berieseln und hin- und herschieben zu lassen, ohne dass sie selbst zum Sinn und zu einer inneren Mitte für ihr Leben finden. Darum machen sie sich auf die Suche, und darum ist Helfta für sie interessant, gerade auch mit dem Zeugnis der mystisch begabten Frauen.

Wenn Sie Jahr für Jahr nach hierher nach Kutzhof kommen, um zur hl. Theresia von Lisieux zu beten und sich an ihr zu orientieren, so steht für viele von Ihnen vielleicht die gleiche oder eine ähnliche Erfahrung dahinter. Unser aller Leben ist von einer schrecklichen Verflachung bedroht. Viele von uns leben nicht mehr aus einer eigenen Mitte heraus, weil sie eine solche Mitte nicht finden. Wenn sie dann Ausschau halten, finden sie unter anderen vielleicht auch die Heiligen, die durch ihr Beispiel gezeigt haben, wie man aus einer eigenen Mitte leben kann.

So auch Theresia von Lisieux. Sie hat begriffen, dass man

sich Gott ganz ausliefern kann, darf und muss, wenn man zu der Mitte finden will, die Er uns und unserem Leben schenken will.

Theresia hat erfahren, dass alles Gnade ist. Und sie hat das beglückend erfahren. Aber sie hat das auch erfahren als eine Wahrheit, die unser Menschsein ganz und gar beansprucht. Es gibt ja die allgemeinmenschliche Erfahrung, dass „Geben seliger ist als Nehmen". Haben Sie sich schon einmal gefragt, warum das so ist? Die Antwort ist ganz einfach: Das ist so, weil derjenige, der etwas annimmt, auch und gerade wenn es geschenkt ist, in eine Schuld gerät, nämlich in die Dankesschuld dem Geber gegenüber. Nun gibt es aber viele Menschen, die keinem etwas schuldig sein wollen; denn wenn ich etwas schulde, bin ich abhängig und verpflichtet, das passt diesen Menschen einfach nicht.

Zu diesen Menschen hat Theresia von Lisieux gerade nicht gehört. Sie hat vielmehr gewusst, was sie Gott schuldet. Sie hat gewusst, dass sie, weil alles Gnade ist, alles, d.h. sich selber ganz und gar, Gott schuldet. Und sie hat dieses Wissen gerade nicht als eine Last erlebt, sondern als Glück. Sie hat sich gefreut, dass sie sich selbst als ein Geschenk aus der Hand Gottes verstehen und annehmen durfte. Sie wusste sich geliebt von Gott. Ganz und gar. Denn, wenn alles Gnade ist, dann muss ich nicht nur für etwas danken, sondern ich muss für alles danken; ich muss mit meinem ganzen Wesen demütig werden, mit meinem ganzen Wesen dankesbereit sein.

Das ist gar nicht so leicht. Es setzt nämlich voraus, dass ich mich rückhaltlos ausliefere dem, dem ich solchen Dank schulde. Und das ist Jesus Christus, unser Erlöser und Herr. Theresia von Lisieux hat ihn geliebt, ihn so sehr geliebt, dass sie sein Herz sein wollte in und für diese Welt und all ihre Menschen. Darin, im Herzen des uns liebenden Gottessohnes, hat sie ihren Platz gefunden. Und sie hat diesen Platz mit der ganzen Kraft und Leidenschaft ihres Menschseins ausgefüllt.

Darum lade ich Sie heute ein, mit dem Blick auf die hl. Theresia von Lisieux, sich ebenfalls ganz dem Herrn auszuliefern: Er verlangt danach, weil er sie ganz mit seiner Gnade erfüllen will. Es stimmt wirklich: Alles ist Gnade. Aber darum müssen wir uns auch für alles öffnen.

Aus diesem Grund habe ich den Psalmtext (Ps 139) ausgewählt, den wir eben gelesen haben. Er ist im Grunde eine Einverständniserklärung. Der Beter erklärt sich damit einverstanden, dass Gott ihn ganz und gar durchschaut, ganz und gar, bis in den letzten Winkel seines Menschseins hinein. Zu einer solchen Einverständniserklärung gehört sehr viel Vertrauen und sehr viel Mut. Wer möchte sich schon soweit entblößen? Aber andererseits: Wer möchte sich dem Geliebten gegenüber nicht zeigen, sondern verbergen? Will ich nicht gerade, dass der Geliebte mich kennt, mich so kennt wie ich bin, und mich dann annimmt? Wer das aber will, muss gerade bereit sein, sich zu erschließen. Und genau diese Bereitschaft spricht der Psalm 139 aus.

Wir können uns so erschließen, weil Gott zuvor sich uns erschlossen hat in der Offenbarung, die Hand in Hand mit seiner Menschwerdung einhergeht. Wir können das, weil in der Menschwerdung Gott, der ganze Gott, zu uns Menschen gekommen ist und uns so annehmen will, wie wir sind. Sagt Christus doch: „Ich nenne euch nicht mehr Knechte, denn der Knecht weiß nicht, was sein Herr ist. Vielmehr habe ich euch Freunde genannt, denn ich habe euch alles mitgeteilt, was ich von meinem Vater gehört habe." Jesus hat sich uns als Freund geschenkt, weil und indem er uns alles gesagt hat, was ihn betrifft; damit hat er sich uns geschenkt und uns darin schon so angenommen, wie wir sind. Sonst wäre er nicht für uns ans Kreuz gegangen. Aber gerade, weil er das für uns getan hat, weil das so ist, darum stehen wir in seiner Schuld, wir wollen das annehmen und verstehen als eine glückliches Stehen und dazu ganz Ja sagen. Wir stehen glücklich in seiner Schuld, darum müssen und dürfen wir uns ihm auch ganz und rückhaltlos ausliefern. Wir sollten ihm alles geben, weil er uns zuvor alles geschenkt hat. Dann wird es uns auch mehr und mehr gelingen, aus der Mitte zu leben, die er für unser Leben vorgesehen hat und die er selbst sein will. Danken wir für all das unserem Gott, und danken wir der hl. Theresia von Lisieux dafür, dass Sie uns das so lebendig und so mitreißend vorgelebt hat.

Dechant Klaus Leist

Es ist unglaublich, wie sich alle meine Hoffnungen erfüllt haben

Predigt zur Eröffnung der Theresienwallfahrt in der Kirche des Karmel von Lisieux am 17. Juli 2004

Ein Wesensmerkmal, das unser Christsein ausmacht, ein Grundelement unseres christlichen Lebens ist die Hoffnung. Der Glaube, die Hoffnung und die Liebe sind die drei Grundpfeiler, worauf das Christsein beruht. Paulus spricht in seinem Hohen Lied der Liebe von einem Weg, der alles übersteigt und nennt dafür den Glauben, die Hoffnung und die Liebe.

Glaubende und liebende Menschen sind immer auch hoffende Menschen und leben aus der Hoffnung, dass ihr Leben in Gottes Händen liegt und er uns durch unser Leben führt und begleitet. Unsere Hoffnung gründet in dem Vertrauen, dass Gottes unendliche und grenzenlose Liebe einzig und allein unser Heil, dass er Leben in Fülle für uns will. Mit einer solchen Lebenseinstellung lässt es sich nicht nur angstfrei, sondern auch gelassen und froh leben. Als gläubige Menschen wissen wir, dass all das, was sich in unserem Leben auch ereignet, von Gott und seiner Liebe getragen wird.

Wenn wir auf das Leben der hl. Theresia blicken, dann erzählt ihre gesamte Lebens- und Leidensgeschichte davon, dass sie aus der gläubigen Hoffnung heraus gelebt hat. An ihrem Leben können wir ablesen, dass das Leben gelingen wird, wenn wir unsere Hoffnung, ja alle unsere Lebenshoffnungen auf Gott setzen und ihm grenzenlos vertrauen. Theresia hat dies einmal in einen großartigen Satz gekleidet, der auch als ihre Lebensbilanz gelesen werden kann: „Es ist unglaublich, wie sich alle meine Hoffnungen erfüllt haben."

Der deutsche Dichter und Schriftsteller Friedrich Hölderlin hat es einmal säkularer formuliert: „Was wäre das Leben ohne Hoffnung?" Ja, in der Tat, was wäre für uns

Christen das Leben ohne Hoffnung; ein Leben ohne die Hoffnung, dass es einen liebenden und verzeihenden Gott gibt, dessen Sehnsucht der Mensch ist? Es ist doch gar nicht auszudenken, wie ein Leben verlaufen würde, wenn es darin keine oder nur oberflächliche und egoistische Hoffnung geben würde!

Die kleine Theresia war so in Gott verliebt und fasziniert von ihm, dass sie sich von ihm wirklich alles erhoffte. Und dies liegt in ihrer tiefen Gottesbeziehung begründet. Denn eine solche Aussage, dass es unglaublich sei, wie sich alle Lebenshoffnungen erfüllt haben, kann doch nur der machen, dessen Leben ganz und gar auf Gott ausgerichtet war und ist. Das religiöse Leben und Denken der Theresia von Lisieux war nicht auf eine spekulative Illusion aufgebaut, sondern ihre Hoffnung schöpfte sie aus ihrer lebendigen Beziehung zu Gott.
Am 15. Mai des Jahres 1897, also nur wenige Monate vor ihrem Tod, sagte sie: „Meine Hoffnung ist so groß und erfüllt mich mit solcher Freude – nicht im Gefühl, wohl aber im Glauben – dass etwas alle Gedanken Übersteigendes notwendig sein wird, um mich ganz zufrieden zu stellen. Lieber als enttäuscht werden, möchte ich ewig bei meiner Hoffnung bleiben.“ Sie hoffte einzig und allein nur auf Gott, von dem sie für sich alles erhoffte. Es brachen von Kindheit an immer wieder Situationen und Vorkommnisse in ihr Leben ein, in denen sie auf diese Gotteshilfe vertraute und darauf hoffte, vor allem in den Phasen der Verlassenheit und ihren oft schweren inneren Prüfungen. In einer solchen Prüfungssituation sagte sie einmal: „Ich wende mich an den lieben Gott, an alle Heiligen, und danke ihnen trotzdem; ich glaube, sie wollen sehen, wie weit meine Hoffnung reicht … Aber das Wort von Job ist nicht umsonst in mein Herz gedrungen: Auch wenn Gott mich töten würde, würde ich dennoch auf ihn hoffen.“ Die Hoffnung zieht sich wie ein goldener Faden durch ihr Leben und wird zu einer ihrer wesentlichen Grundhaltungen. Als kleines Kind hoffte sie auf die

ständige Zuneigung ihres Vaters und ihrer Schwestern. In ihrer Niedergeschlagenheit vor dem Weihnachtsfest 1886 erhoffte sie sich von Gott und der Muttergottes Hilfe. Im Herbst des Jahres 1887 brach sie voller Hoffnung mit ihrem Vater nach Bayeux auf, um beim dortigen Bischof den Eintritt in den Karmel zu erbitten und nur wenige Wochen später erbat sie in der Generalaudienz den gleichen Wunsch vom Heiligen Vater, Papst Leo XIII., in Rom, doch mit 15 Jahren ins Kloster eintreten zu dürfen. Als Karmelitin wünschte und erhoffte sie sich von Gott, dass sie eine gute Ordensschwester wird und zur Heiligkeit gelangt. Das Amt der Novizenbegleiterin war für sie eine schöne, aber auch eine schwere Aufgabe, die ihr die Priorin mit 22 Jahren übertrug. Sie fühlte sich hierfür überfordert, hoffte aber, dass Gott ihr die Gnade und auch die Kraft schenkt, dass sie dieser Aufgabe gerecht wird. Gerade in der Phase, als sie von Gott in ihrem Glauben geprüft wurde und sich von ihm verlassen fühlte, behielt sie dennoch ihre Hoffnung und richtete unzählige Gebete an den Himmel. Sie betete sogar für den Mörder Pranzini und hoffte fest darauf, dass dieser sich noch vor seiner Hinrichtung bekehrte, was dann auch auf ihr Beten hin geschah. Im Angesicht ihres Sterbens und ihres Todes hoffte sie auf das ewige Leben. Die große Hoffnung ihres Lebens war nämlich das Leben bei Gott.

Theresia hoffte wider alle Hoffnung. Sie ist die Heilige der Hoffnung und kann uns zur Hoffnung ermutigen. Sie hoffte auf Gott bis in die letzten Augenblicke ihres Lebens und konnte deswegen auch sagen: „Meine Hoffnung ist nie enttäuscht worden."

Die Lebenshaltung der Hoffnung, die Theresia uns vorgelebt hat, mag auch uns heute noch Beispiel und Richtschnur sein, dass Gott unsere Hoffnungen nicht enttäuscht. Sie hat sich an dem Mystiker Johannes von Gott orientiert, der sagte: „Man empfängt von Gott soviel, als man von ihm erhofft." Wenn wir im Glauben von Gott etwas erhoffen, wird er auch unsere Hoffnungen erfüllen, nicht leichtfertig, wohl aber in dem Glauben und in dem Vertrauen, dass es sein Wille ist. Lassen wir uns von Theresia inspirieren: Wenn es in unserem Leben auch einmal dunkel und undurchsichtig wird, wenn wir mit unserem Latein am Ende sind, wenn alles aussichtslos und hoffnungslos aussieht, geben wir die Hoffnung niemals auf und hoffen wir dennoch auf Gottes Hilfe. Hoffende Menschen haben immer eine Zukunft. Paulus hat es seiner Gemeinde in Rom ans Herz gelegt, indem er ihr schreibt: „Der Gott der Hoffnung aber erfülle euch mit aller Freude und mit allem Frieden im Glauben, damit ihr reich werdet an Hoffnung in der Kraft des Heiligen Geistes."

Setzen wir deshalb wie Theresia unsere Hoffnung vertrauensvoll auf Gott, dann werden wir die gleichen Erfahrungen machen wie sie und merken, dass sich auch unsere Hoffnungen im Glauben erfüllen und niemals enttäuscht werden.

Dr. Christoph Kardinal Schönborn

Theresia von Lisieux – Patronin der Weltmission

Predigt im Hochamt in der Basilika Ste. Thérèse in Lisieux am 18. Juli 2004

Am 14. Dezember 1927, ziemlich genau 30 Jahre nach ihrem Tod, hat Papst Pius XI. Theresia von Lisieux zur Patronin der Missionen in der ganzen Welt ernannt. Theresia wäre damals 54 Jahre alt gewesen, heute würden wir sagen kein Alter. Sie ist am 30. September 1897 mit 24 Jahren gestorben. Papst Pius XI., der sie zuerst selig und dann zwei Jahre später heilig gesprochen hat, hat sie als den „Stern seines Pontifikats" bezeichnet. Was hat ihn bewogen, diese Karmelitin, die mit 24 Jahren gestorben ist, die seit ihrem Eintritt nie aus ihrem Kloster herausgekommen ist, zusammen mit dem hl. Franz Xaver, dem großen Jesuitenmissionar, der den ganzen Orient durchreist hat, zur Patronin der Weltmission zu bestimmen? Eine Karmelitin und die Mission.

Heute möchte ich fragen: Was kann uns Theresia heute sagen über das, was das Innerste und Wichtigste bei der Mission ist? Der Heilige Vater hat sie am 19. Oktober 1997 zur Kirchenlehrerin ernannt, 100 Jahre nach ihrem Tod. Es gibt heute in Afrika, so sagte mir Weihbischof Guy Gaucher von Lisieux, über 40 Schwesternkongregationen, die Theresia als ihre Gründerin, als ihre Patronin betrachten. Was hat Theresia mit der Mission zu tun?

Ihr Vater war Uhrmacher, die Mutter war Dentellière, sie hat Spitzen gemacht, wie das in der Normandie üblich ist. Beide wollten eigentlich ein gottgeweihtes Leben, ein eheloses Leben führen in der Ordenskonsekration an Gott, aber der Wille Gottes war offensichtlich ein anderer. Sie hatten neun Kinder, zwei Söhne und zwei Töchter sind schon als Kinder gestorben. Theresia war die jüngste, die neunte, am 2. Jänner 1873 geboren. Schon mit zwei Jahren sagt sie: „Je serai religieuse." Was hat sie sich darunter vorgestellt? „Ich werde Ordensschwester werden."

Theresia ist erst vier Jahre alt, als die Mutter stirbt. Dieser schwere Einschnitt in ihrem Leben hat wohl auch entscheidend dazu beigetragen, dass sie jahrelang unter allen möglichen Krankheitsphänomenen gelitten hat, besonders empfindsam war. Pauline, ihre ältere Schwester, tritt 1882 in den Karmel ein, und Theresia sagt gleich: „Auch ich werde Karmelitin sein“, aber „pour Jésus seul“ – „für Jesus allein“. Ihre erste heilige Kommunion ist ein unvergesslicher, tiefer Moment der völligen Verbindung, der Verschmelzung, wie sie sogar sagt, mit Jesus. Ihre wohl auch psychosomatischen Krankheiten steigern sich, und sie ist in Lebensgefahr. Sie erlebt die Heilung durch das Lächeln der Muttergottesstatue in ihrem Zimmer, „La Vierge du Sourire“ – „die Jungfrau des Lächelns“. Maria hilft ihr.
Alles ist in ihrem Leben auf Jesus zentriert. Es ist eigenartig, man kann ihre Schriften durchsehen, das kann man jetzt alles mit dem Computer machen, es gibt sie auf CD-ROM, man kann mit Knopfdruck sich auch alle Wortstatistiken ausgeben lassen. Der Name Jesu kommt etwa 1600mal vor, Christus ungefähr 20mal. Immer ist es Jesus. Er ist ihre einzige Liebe, „Jésus mon unique amour“ – „Jesus, meine einzige Liebe“. Wenn es einen Sinn in ihrem Leben gibt, das wird auch der ganze Sinn ihrer Mission sein, wir kommen dann vor allem im dritten Punkt darauf: „L'Aimer [Jésus] et Le faire aimer“ – „Ihn lieben und dazu arbeiten, dass die anderen ihn lieben“, dass möglichst viele Menschen Jesus lieben (Brief 220). Aber sie selber hat die ganz bescheidene Zielvorstellung, sie möchte Jesus so lieben, wie er noch nie geliebt worden ist, ganz bescheiden. Aber das gehört zu ihrem Weg, zu ihrem Leben. Sie spricht immer von „de désir infini“ – „unendlichem Verlangen“. Sie hat ein unendliches, durch nichts zu begrenzendes Verlangen, Jesus zu lieben. Freilich, ihr Leben ist ganz unscheinbar. Eine Schwester im Kloster sagte, als sie schon sehr krank war und man absehen konnte, dass sie bald sterben wird: Was wird man wohl im Nachruf über diese kleine Schwester schreiben können? Gibt es da überhaupt etwas zu berichten?

Etwas was die beiden letzten Jahre ihres Lebens besonders prägt, ist die Brieffreundschaft, ja die geistliche Freundschaft mit zwei Priestern, zwei Missionaren, einer in Afrika und einer in China, Abbé Bellière und P. Roulland. Sie hatte sich immer einen Bruder gewünscht, sie hatte nur die beiden kleinen, früh gestorbenen Brüder im Himmel, und ihre Eltern hatten sich gewünscht, dass einer ihrer Söhne Priester und Missionar wird. Sie sagt einmal: „Priester kann ich nicht werden, aber Missionar." Sie ist es geworden.
Sie stirbt am 30. September 1897 an Tuberkulose, die sie hingerafft hat. Die letzten Monate ihres Lebens lebt sie in einer, wie sie selber sagt, „dichten Finsternis", einer unvorstellbaren Glaubensprüfung. Alles spürbare Wahrnehmen der Nähe Gottes ist weg, sie geht durch eine tiefe Dunkelheit im bloßen, im nackten Glauben bis zum Schluss.

Fragen wir jetzt nach diesem kurzen Überblick über dieses kurze Leben und dieses so dramatische Sterben: Was sind die Schlüssel ihrer missionarischen Tätigkeit? Ich möchte drei sehr bekannte Stellen herausgreifen, die in ihren autobiographischen Schriften im ersten Heft, wo sie von ihrer Zeit vor dem Ordenseintritt spricht, hintereinander stehen. Es sind drei Erlebnisse mit vierzehn Jahren. Theresia ist höchst wach und intelligent, sie hat eine ganz schnelle und lebendige Auffassungsgabe und vielfältige Begabungen.

1. Die erste dieser entscheidenden Erfahrungen ist die „Weihnachtsgnade", diese plötzliche, ihr Leben umkehrende Gnade, die sie mit vierzehn Jahren erfährt. Was ist diese Gnade? Sich selbst zu vergessen, um Freude zu machen, das heißt die Befreiung aus der Gefangenheit in die eigene Empfindsamkeit, in die Selbstbezogenheit, diese Überempfindlichkeit, unter der sie und ihre Geschwister so gelitten haben. Von jetzt an wird nichts mehr sie aufhalten. Sie wird sich nicht mehr bei sich selber auf-

halten, sie wird nicht mehr auf ihre Schwächen schauen, im Gegenteil, ihre Schwächen werden Anlass, nicht bei sich selber hängen zu bleiben. Sie wird ganz fähig zur Zuwendung: „Ich fühlte die Liebe in mein Herz einziehen." Sie wird fähig zu dieser unglaublichen Zuwendung, Aufmerksamkeit, Wachheit, die ihr Leben von jetzt an bestimmen. Ihr Blick ist nicht mehr auf sich selber gerichtet, auf ihr Leid, ihre Schwächen, sondern auf Jesus. „Jésus, mon unique amour" – „Jesus, meine einzige Liebe", das ist jetzt ihre Lebensorientierung.

2. Dieses Freiwerden von sich selber und sich Zuwenden zu Christus, seiner Leidenschaft, seiner Liebe zu den Menschen, das ist das Geheimnis ihrer Missionskarriere. Das sieht man gleich in der zweiten Schlüsselerfahrung, die unmittelbar anschließt: „Als ich eines Sonntags die Photographie unseres Herrn am Kreuz betrachtete, ward ich betroffen vom Blute, das aus einer seiner Göttlichen Hände floss. Ich empfand tiefen Schmerz beim Gedanken, dass dies Blut zur Erde fiel, ohne dass jemand herzueilte, es aufzufangen. Ich beschloss, im Geiste meinen Standort am Fuße des Kreuzes zu nehmen, um den ihm entfließenden Göttlichen Tau aufzufangen, und begriff, dass ich ihn nachher über die Seelen ausgießen müsse ... Der Schrei Jesu am Kreuz widerhallte ununterbrochen in meiner Seele: ‚Mich dürstet!' (Joh 19,28). Diese Worte entfachten in mir ein unbekanntes, heftiges Feuer ... Ich wollte meinem Viel-Geliebten zu trinken geben und ich fühlte mich selbst vom Durst nach Seelen verzehrt ..." (Selbstbiographische Schriften 97).
Es ist wirklich ein erstaunlicher Text, machtvoll. Theresia ist ganz wach geworden, ihr Herz kann mitleiden, sie sieht den Herrn am Kreuz. Sie sieht das Blut aus seinen Wunden. Aber es ist nicht nur Mitleid mit seinem physischen, körperlichen Leid, es ist die Erschütterung darüber, dass das für uns vergossene Blut so unbeachtet bleibt, dass, wie Franziskus sagt, die Liebe nicht geliebt wird.

Dieser Schmerz trifft sie. Das ist das tiefste Mitleid mit dem Heilswillen Jesu. Warum wird Jesu Liebe nicht mehr angenommen? Da beschließt Theresia, wieder unglaublich gewagt, sich beim Kreuz aufzuhalten, „de me tenir en esprit au pied de la Croix“ – „im Geist mich am Fuß des Kreuzes aufzuhalten“, dort meinen Platz zu finden, dort, wo Maria, Johannes und Maria von Magdala standen, aber nicht passiv, sondern aktiv, um das göttliche Blut aufzufangen. Mich fasziniert immer wieder an Theresia dieses Gewagte, dieses unglaublich eigentlich alle ängstlichen Maße Sprengende:
„Seelen retten“, das hat man ein wenig belächelt, hat gesagt, das sei überholt, eine altmodische Sprechweise. Aber erinnern wir uns vielleicht an die erste Katechese: Was ist denn Mission? Ist das nicht zuerst eine Rettungsaktion? Erinnern wir uns daran, wie Jesus im Abendmahlssaal inständig gebetet, den Vater angefleht hat, dass keiner verloren gehe (Joh 17,15), von denen „die du mir gegeben hast“. So sagt Theresia im Blick auf dieses Bild des Gekreuzigten: „Ich brannte vor Verlangen, die großen Sünder den ewigen Flammen zu entreißen.“

3. Die dritte Erfahrung geht genau in diese Richtung. Sie sagt selber gleich anschließend: „Um meinen Eifer anzuspornen, zeigte mir der Liebe Gott, dass ihm mein Verlangen wohlgefällig sei.“ – Dann kommt die Geschichte von Pranzini, die so bewegend ist, dass ich immer aufpassen muss, dass ich nicht zu weinen anfange. Man hat vor einigen Jahren in einem anatomischen Institut in Frankreich die Büste von diesem Pranzini wieder gefunden, dessen abgeschlagenes Haupt man studiert hat, weil man anatomisch sozusagen wissen wollte, wie kommt ein Mensch dazu, so ein schrecklicher Verbrecher zu sein. – „Ich hörte damals von einem großen Verbrecher, der wegen schrecklicher Verbrechen zum Tode verurteilt worden war, alles ließ vermuten, dass er unbußfertig sterben würde. Ich wollte ihn um jeden Preis daran hindern, der ewigen Verdammnis anheim zu fal-

len." – Wieder dieser unglaubliche Wagemut der Theresia! Wir verstehen schon, dass Papst Johannes Paul II. sie zur Kirchenlehrerin ernannt hat. Das ist wirklich machtvolle Lehre. Ich glaube, man kann nicht umhin, die innere Kraft dieser Worte zu empfinden. Hier spricht Gottes Kraft und Geist: „Mein erstes Kind" – Ermutigung auf dem Weg der Fürbitte und des Vertrauens weiter zu gehen. Bald weitet sich die Perspektive aus, speziell für die Priester zu beten. Es war dann ihre Romreise, wo sie zum ersten Mal den Klerus aus der Nähe erlebt hat. Sie hatte eine ganz hehre Vorstellung von den Priestern, dass sie alle heilig mäßig und ganz besonders seien. Dann einen Monat lang mit ihnen zusammen auf der Pilgerreise nach Rom hat sie feststellen müssen, dass die geistlichen Herren in ihrer hohen Würde doch auch schwache und gebrechliche Menschen blieben. Und so entschließt sie sich umso mehr, die Berufung des Karmel anzunehmen, für die Priester zu beten.

4. Aber was ist die Apostolatshaltung der Theresia? Sie fasst es in ein Wort: „Jesus tut alles. Ich tue nichts" (Brief 142). Freilich, dieses Nichts, von dem sie hier spricht, ist kein passives. Noch einmal: Sie hat sehr wohl ein Tun im Auge: „Aimer Jésus et Le faire aimer" – „Jesus lieben und machen, dass er geliebt wird". Das erfordert, wie sie einmal ausführlich an ihre Schwester Céline schreibt, das Feuer der Liebe zu nähren, zu unterhalten: „O Céline! Wie leicht ist es, Jesus zu gefallen, sein Herz zu entzücken. Man braucht ihn nur zu lieben, ohne auf sich zu schauen, ohne allzu sehr seine eigenen Fehler zu untersuchen." – Das sagt die, die früher so von Skrupeln geplagt war. – „Mein Seelenführer ist Jesus. Er lehrt mich nicht, meine Tugendakte zu zählen" – wie sie es gelernt hatte, dass man möglichst viele Tugendakte zählt. – „Er lehrt mich, alles aus Liebe zu tun, Ihm nichts zu verweigern, zufrieden zu sein, wenn er mir eine Gelegenheit gibt, ihm meine Liebe zu beweisen. Dies aber geschieht im Frieden, in der Hingabe (l'abandon)." (Brief 143, S. 204).

Ganz am Schluss der autobiografischen Schriften, der „Geschichte einer Seele", sagt sie dieses unglaubliche Wort: „Statt mit dem Pharisäer vorzutreten, wiederhole ich voll Vertrauen das demütige Gebet des Zöllners; vor allem aber ahme ich das Verhalten Magdalenas nach, ihre erstaunliche oder vielmehr ihre liebende Kühnheit, die das Herz Jesu entzückt, reißt auch das meinige hin." – Dann sagt sie, es ist praktisch der Schluss ihrer Autobiografie: „Ja, ich fühle es, hätte ich auch alle begehbaren Sünden auf dem Gewissen, ich ginge hin, das Herz von Reue gebrochen, mich in die Arme Jesu zu werfen, denn ich weiß, wie sehr Er das verlorene Kind liebt, das zu ihm zurückkehrt." (Selbstbiographische Schriften 275)
„Dieses Vertrauen, dieses grenzenlose Vertrauen, und hätte ich die schlimmsten Sünden begangen, ich ginge zu Jesus und würde mich ihm in die Arme werfen.", sagt Theresia. Dieser kleine Weg ist ihre Mission. Diese Mission will sie allen Menschen bekannt machen.

Sie glaubt, und damit kommen wir zum Schluss, dass diese Mission erst richtig beginnen wird, wenn sie aus diesem irdischen Leben scheidet. Am Ende ihres Lebens, in ihrer Krankheit hat sie sich sehr gesorgt darum, dass ihre Schriften, ihre drei Hefte, die sie über ihr Leben geschrieben hatte, nach ihrem Tod bekannt gemacht werden. Sie hat sich nicht getäuscht. Innerhalb eines Jahres ist dieses Buch in der ganzen Welt bekannt gewesen: „L'histoire d'une âme" – „Die Geschichte einer Seele". Das ist ihre Mission. Den beiden Priesterbrüdern, P. Roulland und Abbé Bellière, hat sie ihre letzten missionarischen Intentionen, ihr missionarisches Herz anvertraut. Dem einen schreibt sie: „Die Entfernung" – er ist als Missionar in China – „wird unsere Seelen nie trennen können. Sogar der Tod wird unsere Vereinigung noch inniger gestalten. Wenn ich bald in den Himmel komme, bitte ich Jesus um die Erlaubnis, Sie in Sutchuen" – in China, wo er Missionar ist – „zu besuchen, und wir werden unser Apostolat gemeinsam fortsetzen. Bis dahin bleibe ich

Ihnen stets im Gebet vereint, und ich bitte unseren Herrn, er möge mir nie Freuden schenken, während Sie leiden. Ich möchte sogar, dass mein Bruder immer den Trost und ich die Prüfungen habe.“ (Brief 193, S. 298).
Wir schließen mit einem Wort, das fast aus derselben Zeit stammt, aus den letzten Worten, die Theresia gesagt hat, die die Schwestern aufgeschrieben haben. Sie sagt am 17. Juli, zweieinhalb Monate vor ihrem Tod: „Ich spüre, dass meine Mission beginnen wird, meine Mission, den lieben Gott lieben zu machen, wie ich ihn liebe, meinen kleinen Weg den Seelen zu geben. Wenn mein Verlangen erhört sein wird, dann wird mein Himmel sich auf Erden abspielen bis zum Ende der Welt. Ja, ich möchte meinen Himmel auf Erden verbringen, um Gutes zu tun. Das ist nicht unmöglich, denn auch in der seligen Gottesschau wachen die Engel über uns. Nein, ich kann im Himmel keine Ruhe nehmen bis zum Ende der Welt, so lange es Seelen zu retten gibt. Aber wenn dann der Engel sagt: Die Zeit ist zu Ende!, dann und erst dann werde ich mich ausruhen, um zu genießen, denn dann erst wird die Zahl der Erwählten vollständig sein und alle werden in die Freude und in die Ruhe Gottes eingegangen sein. Mein Herz jubelt bei diesem Gedanken.“ (Novissima Verba 81–82)

P. Dr. Max Hofinger

Theresia von Lisieux und Therese von Konnersreuth

Predigt in der Kirche St. Anna in Wien am 1. Oktober 2004

Auf dem Grabstein von Therese Neumann, bekannt als Resl von Konnersreuth, steht: „Was mich freut? Mich freut alles, was vom lieben Gott kommt, jedes Blümlein, jeder Vogel oder auch ein neues Leiden. Am meisten aber freut mich der Heiland selbst."

Dies sagte Resl einst in einer Vision zu ihrem großen Vorbild, der hl. Theresia von Lisieux. Wie kam es dazu?

Therese Neumann, geboren 1898, war seit ihrem 14. Lebensjahr Magd bei einem Bauern. Während des Ersten Weltkrieges tat sie den Dienst eines Knechtes, die Männer waren ja beim Militär. Als sie an einem Märzsonntag zur Frühmesse gehen wollte, sah sie Flammen aus dem Dachstuhl des Nachbarhauses lodern. Sie schlug Alarm und half selbst wacker beim Löschen mit. Von Hand zu Hand wanderten die Löscheimer, sie hob die Eimer nach oben. Plötzlich durchfuhr ihren Rücken ein stechender Schmerz, sie ließ den Eimer fallen. Teilweise war sie gelähmt. Sie erholte sich, begann wieder zu arbeiten. Doch nach weiteren Stürzen über eine Kellertreppe war sie nun ganz gelähmt und ab März 1919 auch noch völlig blind. Das war eine harte Schule für diese junge Frau. Nach einer Zeit der Rebellion fügte sie sich in ihr Schicksal, ja sie fand im Leiden einen tiefen Sinn, im Leiden fand sie ihre Mission.

Das hat sie von Theresia von Lisieux gelernt. Resl's Vater hatte aus dem Krieg seiner Tochter ein Bildchen aus Lisieux gebracht, und diese betete vertrauensvoll zu ihrem großen Vorbild. Sie begriff, dass für den Menschen nur eines wichtig ist, den Willen Gottes zu lieben und zu erfüllen.

Resl wurde nach jahrelangem Leiden wieder geheilt, auch das in Verbindung mit Theresia von Lisieux. Am Tag ihrer Seligsprechung, am 29. April 1923 – konnte sie plötzlich wieder sehen, ab dem Tag der Heiligsprechung von Theresia, am 17. Mai 1925 war sie von ihrer Lähmung geheilt und konnte wieder gehen.

Was ist geschehen? Resl war aus einem weißen Licht heraus gefragt worden, ob sie gesund werden wolle. Sie hatte geantwortet: „Mir ist alles recht, Leben und Sterben, Gesundsein und Kranksein, was der liebe Gott will. Der versteht's am besten." Die Stimme hatte weiter gefragt: „Hättest du Freude, wenn du heute aufstehen und gehen und dir wieder selbst helfen könntest?" Darauf antwortete Resl: „Ich habe an allem Freude, was vom lieben Gott kommt. Mich freuen alle Blümlein, die Vögel oder auch ein neues Leiden. Am meisten aber freut mich der liebe Heiland." Da sagte die Stimme: „Du darfst heute eine kleine Freude erleben. Du kannst dich aufsetzen. Probier's einmal. Ich helfe dir." Und wirklich, es gelang ihr.
Die Stimme fuhr dann fort: „Aber leiden darfst du noch viel und lange, und kein Arzt kann dir helfen. Durch Leiden werden mehr Seelen gerettet als durch die glänzendsten Predigten."
Wie Josef Naber, Pfarrer von Konnersreuth und der geistliche Begleiter der Resl, dann nach einigem Suchen feststellte, stammt dieses Wort von der hl. Theresia von Lisieux.

Durch diese Einstellung zum Kreuz ist Theresia von Lisieux Kirchenlehrerin und Patronin der Mission geworden. Sie hat nichts Außergewöhnliches gemacht, sie hat keinen Orden gegründet, hat keine Kirchen gebaut, hat keine Missionsgebiete erschlossen, aber sie hat das Gewöhnliche außergewöhnlich gut gemacht. Durch die Übung, die wir als „Gute Meinung" kennen, wurde jedes Wort, jeder Gedanke, jede Tat ein Liebeserweis für Jesus. Ihr „Kleiner Weg" ist für alle gangbar. Ich muss ja nur sagen: „Jesus, aus Liebe zu dir! Jesus, das tue ich, um dir eine Freude zu machen!“

Um die Leidensvisionen der Resl mitzuerleben, kamen Tausende von Menschen nach Konnersreuth. Was haben sie dort gesucht? Was haben sie dort gefunden?
Sie haben dort eine Frau gesehen und erlebt, vom Blut entstellt, das aus den Augen rann, von einem Kopftuch umgeben, an dem man die Spuren der Dornenkrone erkannte und die den Heiland auf seinem Kreuzweg in tiefem Mitleid begleitete.
Es ist wohl auch die Botschaft der Resl für unsere Zeit, die nicht leiden mag, an den Sinn des Leidens zu erinnern. Kreuz und Leid sind nie das Ende, sie helfen zu wachsen, helfen zu reifen. Der Karfreitag ist schrecklich, das viele Blut an der Therese von Konnersreuth bei der Leidensvision erschüttert, doch es folgt der Ostersonntag und damit eine unendliche Freude.

Mein Ordensstifter, der hl. Franz von Sales, bezeichnet den Kalvarienberg als die Hochschule der Liebe. Nur die Liebe, die sich im Kreuz bewährt, ist echt. Theresia von Lisieux liebte das Kreuz, nachdem sie erkannt hatte, wie viele Gnaden vom geduldig getragenen Kreuz ausgehen: Denn durch Leiden werden mehr Seelen gerettet als durch die glänzendsten Predigten.

Bischof Dr. Reinhard Marx

Die Erbarmungen des Herrn will ich besingen

Predigt zur Theresienfeier in der Pfarrkirche St. Jakobus d. Ä. in Kutzhof am 3. Oktober 2004

„Die Erbarmungen Gottes will ich besingen", sagt die hl. Theresia in ihrem Vorwort zu dem Buch „Geschichte einer Seele".

Wenn wir von den Erbarmungen Gottes sprechen, sehen wir auf das Zeugnis, das uns viele Heilige und Selige mit ihrem Leben geschenkt haben. Wir betrachten, wie Menschen gelebt haben, die sich ganz in die Wirklichkeit Gottes gestellt haben. Heute blicken wir besonders auf eine großartige und faszinierende Heilige, die kleine hl. Theresia. In der Lesung aus dem Buch Exodus (Ex 33,7–23) haben wir von Mose gehört, der von Gott in besonderer Weise berufen wurde. Große Persönlichkeiten – Menschen, die von Gott berufen und geheiligt wurden – sie sind für uns zunächst weit entfernt, weit entfernt von unserem kleinen Leben und unseren alltäglichen Sorgen. Und doch dürfen wir unser eigenes Leben im Licht dieser Heiligen betrachten. Wer sich dem Evangelium und damit der Wirklichkeit Gottes öffnet, wird Ähnlichkeiten zwischen dem Leben der Heiligen und seinem eigenen Leben feststellen können. Ob andere das bemerken oder ob wir es nur in unserem Herzen erwägen, ob die Weltgeschichte davon Notiz nimmt oder ob es nur einem kleinen Kreis erkennbar wird, wir dürfen uns von den Heiligen ansprechen lassen, uns auf unserem Weg zu Gott mit ihnen verbinden und so selber auf dem Weg der Heiligkeit voranschreiten.
So möchte ich mit Ihnen dieses Wort „Die Erbarmungen Gottes will ich besingen" im Blick auf die hl. Theresia und ihre Spiritualität sowie am Beispiel des Mose betrachten und darüber nachdenken, was es für unseren Glaubensweg bedeuten kann.

1. Die erbarmende Liebe Gottes neigt sich herab. Sie ist eine Liebe, die demütig wird, sie geht von oben nach unten.
Mit einem berühmt gewordenen Wort erklärt der hl. Augustinus: „Als ich begriff, dass die unendliche Herrlichkeit Gottes in Jesus Christus demütig auf mich zugekommen ist, da bin ich Christ geworden.“ Die sich erbarmende Liebe Gottes neigt sich von oben nach unten und umfasst alles, den ganzen Kosmos und jede menschliche Lebensgeschichte vom Anfang bis zum Ende der Zeit. Wenn wir auf die hl. Theresia schauen, können wir das in der „Geschichte einer Seele“ immer wieder erkennen. Sie erfährt die Erbarmungen Gottes darin, dass sie weiß, wovor Er sie bewahrt hat. Theresia sagt: „Es sind die Erbarmungen Gottes, weil ich mich in seiner Vorsehung und in seiner erbarmenden Liebe, die alles umfasst, geborgen weiß, auch das, was ich nicht sehen kann.“ Und so ist es auch bei Mose, der die Geschichte seines Volkes, so hören wir, vor Augen sieht und sie dem Erbarmen Gottes anvertraut. Dieses Erbarmen schenkt Gott natürlich in voller Freiheit. „Ich bin gnädig, wem ich gnädig sein will, und ich barmherzig bin, wem ich barmherzig sein will.“ (vgl. Ex 33,19) Im Vertrauen auf diese erbarmende Liebe Gottes, die reines Geschenk ist, die nicht verdient werden kann, lässt Mose sich mit seinem Volk von Gott auf den Weg rufen.

2. Um die Erbarmungen Gottes zu besingen, muss ich sie zuerst einmal entdecken.
Wer singt, ist ja voller Freude. Er hat etwas entdeckt, wie ein Schatzsucher, und bringt seine Freude im Lied zum Ausdruck. Jesus sagt – vielleicht in einer biographischen Notiz – im Matthäusevangelium, dass es für den, der das Reich Gottes entdeckt hat, ist, als habe er einen Schatz gefunden, eine Perle, die man kauft, weil man sie so lange gesucht hat (vgl. Mt 13,44 ff.). Eine solche Entdeckung ist eine umwerfende Erfahrung. Deshalb war es der hl. Theresia so wichtig, im suchenden, entdeckenden Gebet

den Erbarmungen Gottes in ihrem Leben auf der Spur zu bleiben. Es gibt Menschen, die alles für selbstverständlich halten, die nicht mehr Dankeschön sagen können, die gar nicht mehr entdecken können, dass sie von der Liebe und Güte Gottes umfangen sind, eben von den Erbarmungen Gottes. Solche Menschen trauen sich selbst alles zu und beziehen alles auf sich selbst, weil sie kein Gespür mehr dafür haben, dass wir Gerettete aus dem Schiffbruch sind – vielmehr formulieren sie einen Anspruch an das Leben. Aber wir haben keinen Anspruch an das Leben. Unser Leben ist ein Geschenk und wir sind schon umfangen von der erbarmenden Liebe Gottes. Es ist so wichtig, im suchenden und entdeckenden Gebet diesen Erbarmungen Gottes Tag für Tag auf der Spur zu bleiben. Deshalb ist das alltägliche Gebet wichtig, so wie wir es von Mose hören. Mose spricht mit Gott, wie ein Mensch zu einem Menschen spricht. Er tauscht sich mit Ihm aus um zu entdecken, was Er tut, was der Wille Gottes für ihn und das Volk Israel ist.
Die hl. Theresia hat Gott im Gebet gesucht und entdeckt. Mose war im Gespräch mit dem Herrn. Beide wussten, was Gott ihnen geschenkt hat, und so konnten sie voll Freude die Erbarmungen Gottes besingen.

3. Die Erbarmungen des Herrn zeigen sich auf dem Weg, im Gehen.
Wir hören im Buch Exodus, dass wir als Volk Gottes miteinander gehen auf dem Weg in das Land der Verheißung. Dazu gehören immer wieder Umwege, neue Wege, die gegangen werden müssen, um dem großen Weg, der großen Einladung Gottes treu zu bleiben – im Vertrauen darauf, dass Er uns berufen hat. In dem Meditationstext, den wir eben aus der „Geschichte einer Seele“ gehört haben, ist hierzu ein Gedanke besonders wichtig. Gott wählt uns und wir stimmen dieser Wahl zu – das ist der Weg des Christen. Niemand kann sagen, man müsse sich für Gott entscheiden, so als hätten wir eine freie Wahl wie im Kaufhaus: die Möglichkeit dieses oder jenes zu kaufen,

Gott zu kaufen oder Ihn eben nicht zu wählen. Ein solcher Gedanke ist unvorstellbar. Wer Gott entdeckt, kann sich nicht entscheiden, Ihn zu wählen oder Ihn nicht zu wählen. Vielmehr entdeckt er gleichzeitig, dass Gott ihn sucht und ihn bereits gewählt hat. Daran werden wir erinnert, wenn wir aus dem Buch Exodus gehört haben: „Ich bin gnädig, wem ich gnädig sein will.“ Wir stimmen der gnädigen Wahl Gottes zu und lassen uns von Ihm führen. Wir entdecken, dass Gott uns entdeckt hat, nicht wir Ihn! Indem wir Ihn entdecken, spüren wir: Er ist da, schaut mich an und sagt: Du sollst leben! Da können wir gar nicht anders, als dieser Wahl Gottes zuzustimmen, so denkt die hl. Theresia. Wir merken, wie weit das von dem entfernt ist, was manche Christen heute denken – als könne man in freier Wahl Gott wählen wie einen Gegenstand oder ein beliebiges Lebensprogramm. Bei der hl. Theresia spüren wir ihr großes Vertrauen auf Gott, dass seine Wahl, mit der Er uns gewählt hat, richtig ist. Wir können dieser Wahl gut zustimmen. Wir dürfen damit einverstanden sein, dass Gott uns liebt, uns entdeckt, uns wählt für ein Leben lang.
Diese Erfahrung finden wir auch bei Mose. Das Angesicht Gottes soll auf seinem Weg mitgehen. Er vertraut darauf, dass Gott den Weg des Volkes mitgeht, dass Er die einmal getroffene Wahl nicht zurücknimmt. Israel ist doch sein Volk, auch wenn Mose, menschlich gesprochen, oft das Gefühl hat: Ist Gott uns noch nahe? Ist er noch in unserer Mitte oder nicht? Denn das Volk geht in die Irre, das Volk vergisst Ihn, das Volk lehnt sich auf und folgt anderen Göttern. Damals wie heute. Immer wieder stellen wir uns die Frage: Ist Gott noch in unserer Mitte oder nicht? Dann dürfen wir die Stimme Gottes hören: Mein Angesicht geht mit, ich bin euer Gott und ich bleibe es.

4. „Die Erbarmungen des Herrn will ich besingen“ – diese Erbarmungen des Herrn sind frei und überwältigend.
Niemand hat einen Anspruch darauf, niemand. Auf die Liebe hat man keinen Anspruch. Wir können es auch so

sagen wie die hl. Theresia: „Die Liebe rechnet nicht.“ Sie sagt an einer Stelle: „Die einzige Kunst, die Gott nicht beherrscht, ist das Rechnen.“ Sie will damit deutlich machen, dass die erbarmende Liebe Gottes nicht misst, sondern sich verschenkt – in voller und freier Souveränität. Gott sagt: „Ich bin gnädig, wem ich gnädig sein will. Ich bin barmherzig, wem ich barmherzig sein will.“ Niemand kann sagen, dass er einen Anspruch auf die Liebe Gottes hat. „Ich war doch so fromm; ich habe doch die Kirchensteuer bezahlt. Ich habe einen Anspruch auf die Liebe Gottes.“ So ist es nicht. Vielmehr entdecken wir, dass diese Liebe frei und ohne Vorleistung geschenkt wird und dass sie uns dann überwältigt und verändert. Niemand kann die Liebe Gottes erfahren und weiterleben wie zuvor. Tut er dies, hat er die Liebe Gottes nicht wirklich erfahren. So kann auch niemand entdecken, dass Gott ihn entdeckt hat und aus ganzem Herzen gläubig werden, um genauso weiterzuleben wie vorher. Das geht nicht. In den Firmgottesdiensten vergleiche ich dies oft mit der menschlichen Liebe. Niemand kann sagen, er liebe einen Menschen und am anderen Tag weiß er davon nichts mehr. Dann war es keine wirkliche Liebe. Erfahren wir aber die Liebe Gottes, frei und geschenkt, dann ist sie überwältigend. Von Mose hören wir im Buch Exodus, dass niemand, so sagt der Herr, Gott sehen und am Leben bleiben kann. Die Herrlichkeit Gottes, die man vielleicht innerlich sehen, ahnen, spüren kann, ist so überwältigend, dass sie jemanden für das Leben prägt. Man kann, wenn man die Liebe Gottes wirklich erfahren hat, nicht mehr weiterleben wie vorher. Das müssen wir auch in unserer Katechese und in unserem persönlichen Glaubensleben bedenken.

Ich besinge die Erbarmungen des Herrn, weil sie frei und ungeschuldet sind. Sie überwältigen und verändern mich. Sie führen mich in eine neue Wirklichkeit hinein, die wir Menschen nie alleine erreichen könnten. Theresia spricht oft von der „verrückten Liebe“, die sie selber empfindet und die eine Antwort auf die „verrückte Liebe“ Gottes ist, die, menschlich nicht messbar, alles umfasst und alles erreicht.

5. Immer wieder entdecken wir im Leben der hl. Theresia, dass die Erbarmungen des Herrn, seine Güte und Liebe, die sich uns zuneigt, oft verborgen und verhüllt ist.
Die Liebe Gottes wird uns nicht jeden Tag erfahrbar vermittelt. Sie ist nicht ein Gefühl, das ich produzieren könnte, sondern sie verhüllt sich und ist zuweilen ganz verborgen. Daher ist die Erfahrung der „Nacht des Glaubens", das, was wir die „Geistliche Trockenheit" nennen, auch nicht an der hl. Theresia, nicht an Mose und nicht an allen großen Heiligen vorübergegangen.
Wir müssen auch die Hingabe Jesu, des Sohnes Gottes, am Kreuz im Licht der Erbarmungen Gottes sehen. Das Kreuz ist eine einzigartige Verhüllung der Liebe und enthüllt gleichzeitig die Liebe Gottes für die Augen dessen, der glaubt. Die hl. Theresia hat die „Nacht des Glaubens" durchaus erlebt. Sie ist ihrem Weg treu geblieben und hat in der Nacht die Erbarmungen des Herrn weiter besungen. Hier enthüllt sich die wahre Erfüllung des christlichen Lebens: auch in der Nacht und in der Stunde des Leidens, in der Stunde der Angst, in der sich die Liebe Gottes gänzlich verbirgt, seine Erbarmungen zu besingen.
Mose hat erfahren müssen, dass er nicht in das gelobte Land kommen werde. Er durfte die Erfüllung der Verheißung nicht miterleben und doch hörte er nicht auf, die Erbarmungen des Herrn zu besingen, weil er die Herrlichkeit des Herrn erfahren hat. Der lange Weg, den er beschreiten musste, die vierzig Jahre in der Wüste, hat er ertragen und die Erbarmungen des Herrn besungen.

6. Wir singen in großer Treue von den Erbarmungen Gottes.
Wir müssen die Unbegreiflichkeit Gottes aushalten. Treue ist ein wichtiges Element für unsere gegenwärtige Spiritualität, für das Glaubensleben der Priester, Diakone und für alle Gläubigen, für alle im Volk Gottes.

Wie schwer ist es, in einer Zeit des Umbruchs nicht nach den kleinen und schnellen Erfolgen Ausschau zu halten, sondern in Treue die Erbarmungen Gottes zu besingen – auch dann, wenn vieles unter unseren Händen zerrinnt. Vieles bricht zusammen. Nicht alles, was wir organisiert haben, mitunter mit viel Geld, gelingt uns. Organisation und Geld gehören dazu, aber dürfen nicht entscheidend sein. Wichtiger ist, dass wir die freie souveräne Liebe Gottes erfahren, die Menschen treffen muss, die darauf antworten. Diese Antworten des Glaubens kann man nicht kaufen oder organisieren. Man kann sie jedoch ermutigen, stärken und bezeugen – im letzten bleiben sie ein Geschenk.
Die hl. Theresia hat in ihrem Leben die Unbegreiflichkeit Gottes in Treue ausgehalten. Sie hat nicht alles erklären wollen, nicht alles mit menschlichen Kategorien messen wollen, sondern diese große Unbegreiflichkeit ausgehalten. Ijob, diese geheimnisvolle große Gestalt des Alten Testamentes wurde von Gott auf die Probe gestellt. In der großen Katastrophe seines Lebens bekannte er: „Nackt kam ich hervor aus dem Schoß meiner Mutter, nackt kehre ich zurück. Der Herr hat gegeben, der Herr hat genommen. Der Name des Herrn sei gepriesen“ (Ijob 1,22). In Ijob und der hl. Theresia haben wir Vorbilder, die uns lehren wollen, in allem, auch in meiner Angst, in meiner Krankheit, auch in meinem Sterben, zu sagen: „Der Name des Herrn sei gepriesen!“ Das ist nicht einfach, das weiß ich wohl. Und doch sind wir herausgefordert, die Erbarmungen Gottes auch dann zu besingen, wenn es mir nicht gut geht, wenn nicht alles nach meinen Plänen abläuft. Ich will die Erbarmungen Gottes auch dann besingen, wenn sie sich verhüllen. Treu bleiben – das ist die Aufgabe der Brüder und Schwestern heute im Volk Gottes, wo vieles unter unseren Händen zerrinnt. Diese Treue besteht darin, nicht wegzulaufen, sondern auszuhalten. Die hl. Theresia hat die Erbarmungen des Herrn auch in ihrer Krankheit besungen, wie Mose es auf dem vierzigjährigen Weg durch die Wüste tat.

So sehen wir, dass das Wort „Die Erbarmungen des Herrn will ich besingen“ uns weit in eine tiefe Spiritualität und Frömmigkeit hineinführt, die wir an der Hand der hl. Theresia lernen können. Ich glaube fest daran, dass das für unsere Zeit, unsere Pfarreien, für unser persönliches und geistliches Leben, von außerordentlicher Bedeutung ist. Von Mose und der hl. Theresia lernen wir in dieser Zeitstunde, wer wir vor Gott sind und dass wir in Treue eingeladen sind, die Erbarmungen des Herrn zu besingen. Das ist das Wichtigste, was die Kirche heute zu tun hat.

Autoren

Gaucher, Guy | geboren am 5. März 1930. Gymnasialstudien am Collège Victor-Hugo zu Marseille und am Janson-de-Sailly-Lyzeum; Universitätsstudien an der Sorbonne sowie am Studienseminar der Karmeliten und am Katholischen Institut von Paris. Lizentiat der Literaturwissenschaft (Neuphilologie); Höheres Diplom der Literaturwissenschaft; Lizentiat der Theologie. Priesterweihe am 17. März 1963. Ordensprofess bei den Unbeschuhten Karmeliten am 1. Oktober 1972. Bischofsweihe am 19. Oktober 1986, seit 1987 Weihbischof von Bayeux und Lisieux. Beauftragter für die nationale und internationale Verbreitung der Botschaft der hl. Theresia von Lisieux. Wahlspruch: „Trahe me, curramus."

Genn, Dr. Felix | geboren am 6. März 1950, Priesterweihe 1976 in Trier, Kaplan in Bad Kreuznach, Subregens und Spiritual am Bischöfl. Priesterseminar in Trier, Dozent für christliche Spiritualität an der Theol. Fakultät in Trier und Wallfahrtsleiter der Heilig-Rock-Wallfahrt. Regens in Lantershofen. Am 30. Mai 1999 Bischofsweihe und Weihbischof in Trier bis 2003. Am 4. April 2003 zum Bischof von Essen ernannt. Wahlspruch: „Annuntiamus vobis vitam".

Gutting, Ernst | geboren am 30. Januar 1919. Priesterweihe am 3. Juli 1949 in Speyer. Kaplan und Jugendseelsorger für die Frauenjugend. 12. September 1971 Bischofsweihe und Weihbischof in Speyer. 1974 Dompropst am Kaiserdom in Speyer. 1981–1982 Kapitelsvikar während der Sedisvakanz. 1994 Emeritierung als Weihbischof. Wahlspruch: „Nur die Liebe zählt."

Hofinger, P. Dr. Maximilian | geboren am 5. November 1937 in Andorf/Oberösterreich. 1956 Eintritt in die Kongregation der Oblaten des hl. Franz von Sales in Eichstätt, Studium der Theologie und Philosophie in Eichstätt. Am 29. Juni 1963 Priesterweihe in Eichstätt. Ab 1964 Zusatzstudium für Latein und Griechisch in Wien. Juli 1970 Promotion zum Dr. phil. in Wien. Von 1971 bis 2002 Lehrer für Latein und Griechisch am Humanistischen Gymnasium in Fockenfeld, 1980–2002 Direktor der Schule. Seit September 2002 Beichtvater und Kirchenrektor an der Annakirche in Wien.

Jakob, Gerhard | geboren am 24. November 1933. Priester-weihe 1959 in Trier. 1960–1963 Kaplan; Religionslehrer, Pfarrer und Regionaldekan. 1981–1993 Generalvikar in Trier. Bischofsweihe am 12. Dezember 1993 in Trier, Weihbischof in der Region Saarland. Wahlspruch: „Communicatio Sancti Spiritus cum omnibus vobis". Gestorben am 5. Mai 1998.

Leist, Klaus | geboren am 29. Juni 1958 in Marpingen. Studium der Theologie und Philosophie in Trier und Regensburg. Priesterweihe am 9. Juli 1988 in Trier. 1988–1991 Kaplan in Waldbreitbach und Niederbreitbach. Vikar in drei Vorstadtpfarreien von Saarbrücken. Ab August 1994 Pfarrer in Holz und Kutzhof, seit 1997 Leiter der Theresienwallfahrten. Am 3. Juni 1996 Ernennung durch den Saarländischen Justizminister zum Mitglied im Anstaltsbeirat dreier Justizvollzugsanstalten im Offener Vollzug. 1998 Mitarbeit als Verfasser von Predigten in dem Werk „GOTTES WORT IM KIRCHENJAHR". Juni 2000 Dechant des Dekanates Püttlingen. Ab Mai 2003 Mitglied des Priesterrates im Bistum Trier. Seit Mai 2004 Dechant des Dekanates Völklingen.

Marx, Dr. Reinhard | geboren am 21. September 1953 in Geseke. Studium der Theologie und Philosophie in Paderborn und Paris. 2. Juni 1979 Priesterweihe in Paderborn. 1979–1981 Vikar. 1981–1988 Promotionsstudium. 1989 Direktor der Kommende, des Sozialinstituts des Erzbistums Paderborn in Dortmund. 1996 Professor für Christliche Gesellschaftslehre an der Theol. Fakultät Paderborn. Bischofsweihe am 21. September 1996 und Weihbischof in Paderborn. Ernennung zum Bischof von Trier am 20. Dezember 2001. Ab 1. April 2002 Bischof von Trier. Wahlspruch: „Ubi Spiritus Domini ibi liberitas".

Naumann, Hugo | geboren am 9. September 1948 in Humes. Ausbildung zum Diplom-Verwaltungswirt, verheiratet, drei Kinder. 1989–1992 Theologie im Würzburger Fernkurs. 21. März 1992 Diakonenweihe in Trier. 1995–2001 Ständiger Diakon im Nebenberuf in Holz und Kutzhof, seit 1. September 2001 Diakon im Hauptberuf in Friedrichsthal und Bildstock.

Schnorbach, Karl Heinz | geboren am 15. Januar 1924 in Koblenz. Priesterweihe am 5. August 1951 im Hohen Dom zu Trier. Kaplan in Trier St. Ambrosius. 1956–1989 Oberstudienrat und Religionslehrer an den Berufsbildenden Schulen in Merzig.

Schönborn, Kardinal Dr. Christoph | geboren am 22. Januar 1945, 1963 Eintritt in den Dominikanerorden. Priesterweihe am 27. Dezember 1970 in Wien. 1973–1975 Studentenseelsorger an der Grazer Hochschulgemeinde. 1976–1991 Professor für Dogmatik an der Kath.-Theol. Fakultät der Universität Fribourg (Schweiz). 29. September 1991 Bischofsweihe im Wiener Stephansdom und Weihbischof der Erzdiözese Wien, seit 14. September 1995 Erzbischof von Wien, mit dem Palium investiert am 29. Juli 1996, zum Kardinal kreiert am 21. Februar 1998. Vorsitzender der Österreichischen Bischofskonferenz seit 30. Juni 1998. Wahlspruch: „Vos autem dixi amicos".

Spital, Dr. Hermann Josef | geboren am 31. Dezember 1925 in Münster. Priesterweihe 1952. 1953–1958 Bischofskaplan in Münster. 1959 Subregens am Priesterseminar in Münster. Promotion 1965. 1966–1969 Pfarrer und Dechant in Dülmen. 1969 Seelsorgeamtsleiter am Bischöfl. Generalvikariat in Münster. 1973–1980 Generalvikar. 14. Dezember 1980 Bischofsweihe. 24. Februar

1981 Ernennung zum Bischof von Trier. Präsident der Deutschen Sektion der Friedensbewegung PAX CHRISTI. 15. Januar 2001 Emeritierung. Wahlspruch: „Redemptor hominis decus nostrum et gloria“, gestorben am 10.01. 2007 in Münster.